闇の魔女史

魔の女の史

世界の魔女と
魔女裁判の全貌

Future Publishing 編
ダコスタ吉村花子 訳

Welcome to

HISTORY
WITCHCRAFT

魔女狩りの歴史へ
ようこそ

疫病、戦争、宗教紛争。激動で荒廃した世界の人々の前に、さらなる脅威
——マレフィシウム（悪意ある魔術）——が立ちはだかった。絶対に安泰な人な
どおらず、誰もが魔術を使っている、悪魔とつながっていると糾弾される危険と
隣りあわせに生きていた。王妃や貴族でも例外ではない。本書では、中世か
ら近世にかけて、ヨーロッパおよびアメリカの植民地を血なまぐさい騒乱に巻き
込んだ魔女狩りと魔女裁判の全容に迫る。イングランドのランカシャー州ペンド
ル・ヒル地域での裁判から、20人もの人を死刑台に送った狂気のセイラム魔女
裁判まで、町や村を集団ヒステリーに陥れたパニックやパラノイア（強迫観念）の
実態を追うと共に、カニングフォーク〔イングランドで民間呪術を職業とする人々〕は
実際にどのような道具、材料、魔術書を使っていたのか、また胃潰瘍などの病
にどのような薬が調合されていたのかなども探っていく。そして悪魔術の容疑
者を片端から罰することを使命としていた、自称「魔女狩り将軍」こと悪名高きマ
シュー・ホプキンスの足跡をたどる。強烈なイラストと解説が満載の本書は、歴
史の暗部に興味を持つすべての人にとって格好の案内書となってくれるだろう。

HISTORY of WITCHCRAFT

138

CONTENTS

126

100

80

魔女狩りの歴史へようこそ 5

魔女狩り 8

魔女の出現 14

15人の最も悪名高き魔女 20

迫害のタイムライン 28

燃えさかる薪 32

王たちの母グンヒルド 36

王族の魔女、ジョーン・オブ・ナヴァール 42

テンプル騎士団の背信 46

公爵夫人の破滅 54

白薔薇の女王エリザベス・ウッドヴィルと黒魔術 60

ジェームズ6世と魔女たち 70

スコットランドのプリッカーの1日 78

ペンドル・ヒルの恐怖 80

カニングウーマンの家 86

現代はじめまで
続いた疑いと迷信

88

54

14

46

92

身近な亡霊 88

非神聖ローマ帝国 92

暗黒のカリスマ、マシュー・ホプキンス 100

魔女狩り人の手引き 108

魔女の魔術書 112

バスク魔女裁判 116

ヴュルツブルク魔女裁判 124

セイラム魔女裁判 126

理性と正義、妖術をめぐる法の歴史 136

妖術の終焉 138

116

WITCH HUNTING
魔女狩り

近世のヨーロッパやアメリカの魔女狩り人たちは、何千人もの人々を拷問し、死刑台へと送った。だが、魔女狩りとは何だったのだろうか。そして何がこうした惨事を引き起こしたのだろうか。

んの束の間、想像してみてみよう。あなたは17世紀のヨーロッパの農婦だ。夫に先立たれ、遺言で残された小さな家に住み、小さな畑で様々な根菜や昔ながらの薬草を栽培している。信心深く、老体が許す限り教会に通っているが、夜の森でサタンの指示を受けたり、「悪魔の香油」を背中に塗ったり、大切な家畜に呪いをかけたりする魔女の話にはさほど興味はない。

ついこの間は、村の人が異教信仰で告発され、司教の使者たちが来て裁判所へ連れていった。ただしこれはあくまで村の噂で、自分には心配することなど何もない。けれどもある朝、司教区の制服を着て武装した男たちが家にやってきて、尋問のため連行すると言う。あなたは反論しようにもしどろもどろだ。もちろんこれは何かのまちがいだ。メインストリートを通り、友人や近所の人の家の前を通りすぎるあなたに、家々のなかから疑わし気な視線が投げかけられる。あなたは最初のうちこそ当惑しながら、すぐに誤解が解けるはずだと信じているが、そういえば粉屋の奥さんも同じように連れ去られ、妖術のかどで有罪に処されたことを思い出す。するとにわかに恐怖心が湧いてきて、身の危険を感じはじめた。

裁判所には3人の判事と、記録係の書記がひとりいる。記録簿にあなたの名前が記されてから、起訴内容が読みあげられる。どうやら、何年も前から知りあいの近所の人が、自分たちのミルクをあなたが妖術で腐らせたと教会に報告していたようだ。この農家の夫婦は、あなたが季節はずれの雨を降らせたために作物が育たず、あなたが栽培した薬草からつくられた媚薬のせいでふたりの未婚の娘の色欲が刺激されたと告発したため、判事はあなたに、妖術は特別な罪だが、無実なら神が擁護してくださるだろうから、そなたには弁護士も代弁者も必要ないと言い渡す。

魔女だとか罪を犯しているとか、当然あなたは否定する。ばかげている、あの人たちとは目をあわせたこともないし、私を厄介払いするために魔女だと訴えるような愚かな人たちなのだと。あなたの否認は記録されはするが、妖術をきわめて重大な罪だと考える裁判所は、全面的に自白すれば寛大に処そうと持ちかけてくる。あなたは取引に応じず糾弾をはねつけたので、さらなる尋問のため監禁室に連れていかれる。そこで、特別に任命された行政官があなたの服を脱がせ、体に隠された魔女の印を探す。あなたの親指を万力のような装置にはめて締めつけながら、またもや、自分が魔女だと認めるかと聞いてくる。1日目はひどい痛みに耐えて譲らず、拷問にも屈しなかった。てこで手足が広げられて関節がはずれると、激しい痛みのせいで目がぎょろりとまわる。すると、それこそが、サタンに助けを求めている確かな証拠だとされ、結局、あなたは自白させられ、早くも翌日には他の5人の魔女たちと荷車に乗せられて、火刑台へと送られる。

近世の過酷な魔女狩り
の時代を通して、7万人
近くの人々が処刑されたと
考えられている

WITCH HUNTING WORLDWIDE
世界各国の魔女狩り

スコットランド
1715年
不運なケイト・ネヴィンが最後の魔女として処刑される。3週間にわたる捜索ののち逮捕され、火あぶりにされた。

ニューイングランド
1692年
何十年もの間、魔女狩りが行われ、なかでもセイラム魔女裁判は悪名高き魔女裁判のひとつ。数年間続いたハートフォード魔女裁判は、魔女裁判の理論的根拠を示す興味深いケースだ。

イングランド
1612年
イングランド史上最も悪名高き魔女狩りのひとつ、ペンドル魔女裁判で、10人がサタン崇拝の儀式で殺人を犯したとして処刑された。

デンマーク
1590年
プロテスタント教徒のスコットランド王ジェームズ6世（のちのイングランド王ジェームズ1世）は、新妻アン・オブ・デンマークを迎えに行く航海中、悪天候に見舞われる。嵐は魔女のせいだとされ、直ちに裁判が開かれて容疑者たちが処刑された。

ザンビア
1935年
バムカピと呼ばれる「魔女狩り人」がベンバ族の村に出没し、容疑者たちを裁判にかけ、村人たちを恐怖に陥れた。

悪名高きセイラム魔女裁判の様子

古代から魔女狩りが吹き荒れた時代まで何世紀もの間、権力者たちは、妖術は社会を脅かす愚かな迷信だと考えていた。8世紀イタリアのキリスト教徒の王カルロ・マーニョ〔カール大帝〕は妖術を信じる者たちを嘲笑し、魔女を火刑に処した者たちを処刑した。同様に11世紀デンマークのハーラル2世の宮廷では、妖術を信じることは、妖術自体よりも危険であると考えられ、魔女狩り人たちは厳しく罰せられていた。

中世、妖術は許容されており、嘲笑されたり罰せられたりすることは稀だった。訴えられて

「異教のローマ法は、文明を襲う災いの多くは呪術が原因だと信じていた」

も、せいぜい罪状に応じて投獄されたり罰金を科されたりするくらいだったが、12世紀にカトリック教会による異端審問がはじまると、状況は一変する。もともと異端審問は、教会から逸脱してローマの権力を脅かす世俗信仰を狙った措置だったが、14世紀初頭には範囲

が拡大し、妖術を教条に取り入れたキリスト教の分派など、妖術使いにも目が向けられるようになった。フランスのカタリ派もそのひとつで、カトリック教徒からサタンの教会と呼ばれた。

中世後期になる頃には、カトリックの信仰で

インド
2011年
多くの発展途上地域では、いまだに迷信や妖術が信じられている。インドでは60代の3人が黒魔術を行っているとして、集団リンチにかけられ、殺害された。

サウジアラビア
現在
サウジアラビア当局は、黒魔術を神への冒涜同様、厳罰に処している。妖術を行っているとされた者（たいてい女性）は一律に斬首刑に処される。

❧「魔女狩り人」とは？❧

イングランドでは「魔女狩り将軍」

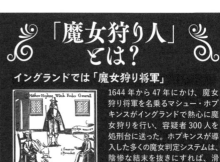

1644年から47年にかけ、魔女狩り将軍を名乗るマシュー・ホプキンスがイングランドで熱心に魔女狩りを行い、容疑者300人を処刑台に送った。ホプキンスが導入した多くの魔女判定システムは、陰惨な結末を抜きにすれば、滑稽でさえある。議会はその活動を承認したが、用いた手法はたちまち批判の的となり、あまりの残忍さにホプキンスの死後、子どもを脅かす時に引きあいに出される「怪物」となった。しかしホプキンスの最大の影響は著書『魔女の発見（The Discovery of Witches）』で、17世紀アメリカにおける植民地、とりわけセイラムでの魔女狩りに弾みをつけた。

ドイツでは「ヴュルツブルク司教領主」

名家出身で教皇を後ろ盾とするヴュルツブルク司教領主フィリップ・アドルフ・フォン・エーレンベルクは、現在の南ドイツで権力を振るっていた。強硬な反プロテスタント派で、妖術撲滅に熱意を燃やし、バイエルンのカトリック教化に取り組んだ。1620年代末、領内の魔女に関心を向けた。絶対安全な者などひとりもおらず、大々的な魔女裁判では農夫から貴族まであらゆる階層の人々が容疑者となり、裁判にかけられた。8年にわたるエーレンベルクの統治を通して、敬虔な聖職者、彼の甥、幼児（最年少は3歳）を含む900人以上が火刑に処された。

定められていること以外の実践は、ますます危険になっていった。1484年、教皇インノケンティウス8世が幼児殺しの悪魔崇拝者を断罪する内容の勅書を発表した直後、ドイツでは妖術を追及すべく、ヤーコプ・シュプレンガーとハインリヒ・クラーマーのふたりの宗教裁判官が任命された。彼らは、当時発明されたばかりの印刷機を早々に取り入れ、『魔女に与える鉄槌（Malleus Maleficarum）』を刊行。妖術や魔女に関するこの専門書は悪名をはせ、大きな影響力を及ぼすことになる。妖術の実在を裏づけ、その特定と迫害に向けて役人たち

を教育し、災いの代償を女性たちに課すことを目的として、広い読者層を獲得した。しかし、わずか数年でカトリック教会から敬遠されることになる。カトリック教会が目の敵にしていた世俗信仰と結びついて人気を博したためだ。けれども宗教改革が迫るなか、この本をはじめとする類書は、カトリック教会や教皇庁に禁止されたがゆえにプロテスタント教会から正当と認められ、魔女狩りの流行に拍車をかけた。ヨーロッパ各地にプロテスタント教会が設立されるにつれて魔女狩りが本格化し、デンマークやスコットランドなど多くの王

室があと押しした。宗教弾圧で勢いを増したヒステリーがうねりとなって押し寄せ、処刑者は急増。女性たちは「病気、死、厄災（自然災害、その他）を引き起こした」「人里離れたところに住んでいる」「変わり者に見える」「異邦人」というだけで、あるいはたまたま場所とタイミングが悪かったために、魔女として糾弾された。告発の動機も独断的で、魔女が共同体に災いを及ぼしていると本当に信じている場合もあれば、権力者による社会統制や、被告の財産没収を狙った悪意あるケースもあった。スコットランドの魔女狩りの流行は18世

あなたの魔女度をチェック

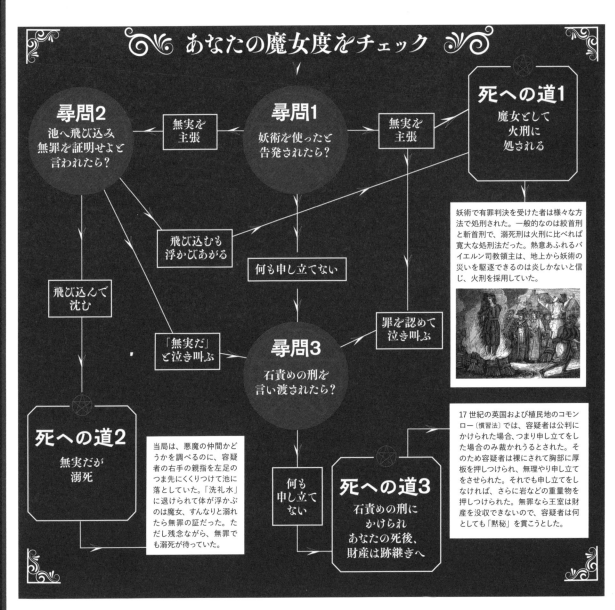

尋問2
池へ飛び込み無罪を証明せよと言われたら？

無実を主張

尋問1
妖術を使ったと告発されたら？

無実を主張

死への道1
魔女として火刑に処される

飛び込むも浮かびあがる

飛び込んで沈む

何も申し立てない

妖術で有罪判決を受けた者は様々な方法で処刑された。一般的なのは絞首刑と斬首刑で、溺死刑は火刑に比べれば寛大な処刑法だった。熱意あふれるバイエルン司教領主は、地上から妖術の災いを駆逐できるのは炎しかないと信じ、火刑を採用していた。

「無実だ」と泣き叫ぶ

尋問3
石責めの刑を言い渡されたら？

罪を認めて泣き叫ぶ

死への道2
無実だが溺死

当局は、悪魔の仲間かどうかを調べるのに、容疑者の右手の親指を左足のつま先にくくりつけて池に落とした。「洗礼水」に退けられて体が浮かぶのは魔女、すんなりと溺れたら無罪の証だった。ただし残念ながら、無罪でも溺死が待っていた。

何も申し立てない

死への道3
石責めの刑にかけられあなたの死後、財産は跡継ぎへ

17世紀の英国および植民地のコモンロー〔慣習法〕では、容疑者は公判にかけられた場合、つまり申し立てをした場合のみ裁かれるとされた。そのため容疑者は裸にされて胸部に厚板を押しつけられ、無理やり申し立てをさせられた。それでも申し立てをしなければ、さらに岩などの重量物を押しつけられた。無罪なら王室は財産を没収できないので、容疑者は何としても「黙秘」を貫こうとした。

紀まで続いたが、対象は迷信深い奇人変人から、魂をサタンに売ったサバトと呼ばれる反キリストのミサを挙げていた危険な悪魔崇拝者まで幅広かった。1563年からほぼ150年の間、妖術は違法とされた。「プリッカー（針刺し人）」が活躍し、魔女の疑いをかけられた女性の体に針を刺す。血が出なければ、告発が正当な印だった。

拷問は、裁判で直ちに嫌疑が晴れなかった女性たちから情報をしぼり取るための常套手段だった。魔女裁判のピーク時に証拠軽視や不合理なヒステリーがまかり通っていたのは事実だが、拷問は必ずしも独断的に行われていたわけではなく、決まった手順が定められていた。一般に拷問の強度と残忍性は段階を追って高まった。すべてを書記が観察して記録した。そこには、自白をしぼり出し、拷問外でも被告に自供を繰り返させるという目論見

があった。被告は推定有罪であり、しばしば自らの無罪を証した者でさえ、長々と残酷で異常な仕打ちを受けて激しい苦痛を与えられ、ついには言われるがままに罪状を認めさせられた。拷問後に無罪判決が下ることはごく稀だった。

1542年に妖術禁止令が発布されると、イングランドでは魔女に厳罰が科されるようになった。禁止令は1562年と1604年に修正され、

セイラム魔女裁判

1692年、清教徒（ピューリタン）が住むニューイングランドのセイラムで、歴史上おそらく最も悪名高い魔女狩りが数か月にわたって繰り広げられた。ある医師が、牧師サミュエル・パリスの娘と姪は魔女に呪いをかけられたと診断し、セイラム村に非難の嵐が巻き起こったのだった。

彼女らをはじめとする人々によるあやふやな証言は事態に拍車をかけ、女性はもちろん、男性とひとりの子どもを含む150人以上もの人々が巻き込まれた。裁判は茶番以外の何ものでもなく、証人が一時的興奮や幻覚に陥ると、被告の仕業だとされ、これが決め手となり有罪判決が下された。

被告150人のうち女性14人と男性4人が絞首刑となった一方、ごく冷静なジャイルズ・コーリーという名の男性は申し立てを一切せず、胸に石を押しつけられる「石責め」の拷問を受けた。2日後、彼は落命したが、最後まで屈しなかった。狂気の嵐が吹き荒れた5か月後、マサチューセッツ総督はセイラム魔女裁判を解散させ、信用度の高い証言にもとづく審理が行われ、判決を待っていた多くの人が放免された。

巡回裁判所
（オイヤー・アンド・ターミナー）
マサチューセッツ総督により任命された特命官吏が、信頼の置けるセイラム住民から、原告側の証言を聞き、被告に判決を下す。

陪審員
特命官吏同様、陪審員もセイラムの住民から選ばれた。大陪審員が起訴を決定した場合、被告は巡回裁判所で別の陪審員と対峙することになる。

被告
痛ましいことに、セイラム魔女裁判では、被告は単なる浮浪罪や目立つというだけで有罪判決を受けた。

証人
セイラム魔女裁判では、被告の同席中に証人が興奮や幻覚状態に陥れば、有罪判決は確定したも同然だった。こうしたことは頻繁に起こった。

「拷問は、裁判で直ちに嫌疑が晴れなかった 女性たちから情報をしぼり取るための常套手段だった」

「聖職者特典」（聖書を読める者に一律に与えられていた）などの規則が廃止された〔その結果、聖職者も裁かれることになった〕。イングランドの最も有名な魔女裁判のひとつが、1612年のペンドル魔女裁判で、10人（ほとんどが女性）が絞首刑に処された。プロテスタント教徒のイングランド王ジェームズ1世は、ことのほか妖術を目の敵にして撲滅に取り組んだ。そのため、聖体拝領を受けるためにイングランド国教会のミサを拒んだランカシャー州ペンドル・ヒル地域の敬虔なカトリック教徒が、現地の治安判事ロジャー・ノウェルに目をつけられることになった。ノウェルの調査の結果、こうした者たちがプロテスタント教徒から魔女と見なされていることが判明する。彼女たちは共同体のなかで治療や

薬の処方を行っていたが、17世紀においてこうして生計を立てることはごく普通のことだった。デヴァイスという一家のうち3人を召喚したノウェルは、やはり調薬やまじないを生業としていたライバルのチャトックス家が地元で4人の人間を殺したと聞かされる。チャトックス家も出頭を命じられると、村中で告発と弁護の応酬が繰り広げられ、10人が有罪判決を受けて絞首刑に処された。

ヨーロッパの他の地域や北アメリカの植民地でも、同じような事態に陥っていた。ドイツではメルガ・ビーン夫人という身重の女性が夫を呪い殺し、悪魔の子を身ごもっているとして有罪判決を受け、火刑に処された。デンマークでは北海で王室の船が危うく転覆し

かけ、装備不足の責任を問われた大臣が、魔女に責任を転嫁した。魔女のひとりとされたアンナ・コリングスは、嵐を起こしたとして告発され、有罪判決を受けて火あぶりにされた。18世紀に入ると、ようやく理性と科学の時代が到来する。ガリレオやニュートンをはじめとする新進気鋭の天文学者や科学者は、迷信ではなく観察を通して世の理を確かめる経験重視世代を開いた。妖術を信じたり「魔女」を迫害したりすることは、ひんしゅくを買うようになり、はるかに寛大な文化がもたらされた。ジョージ2世の統治期に発布された1735年の妖術行為禁止令は、自分や他人を、魔力を持っているとか魔女呼ばわりすることを違法と定めた。これに他国も続き、2世紀にわたる狂気に終止符が打たれることになった。近世の過酷な魔女狩りの時代を通して、7万人近くの人々が処刑されたと考えられるが、公式には1万2000件ほどしか記録されていない。

The Dawn of the Witch

魔女の出現

古代、魔法は日常生活の一部だったが、文化が発展し、新たな宗教が登場するにつれ、妖術という概念も妖術を実践していた人々も、よこしまで悪魔的と見なされるようになった。

現代では、ほぼすべての文化に魔女という概念が認められる。ちょっとした違いはあるものの、魔女はたいてい暗くて邪悪な何か、恐ろしい何かを象徴している。白い服に身を包んだ無垢な乙女に対し、魔女は老いて醜く、鍋の前で腰を曲げていて、無防備な犠牲者に災いと争いをもたらそうとたくらんでいる。魔女は女性の暗い面を表しており、錯乱していて、強大な力を手にしている。魔女は手に負えない女性ということだ。こうした魔女のイメージは、今にはじまったわけではなく、魔女が調合する薬のように何年もかけて神話、宗教、弾圧が混じりあい、煎じられてきた。

初期の魔女は、邪悪なイメージとはかけ離れていて、病気を癒し、社会を守る存在だった。たとえば古代中東では女神が崇められ、専門の訓練を受けた女性たちにより、女神を中心にした神聖な儀式が挙げられていた。太古の魔女たちは、知恵を持った社会に不可欠な存在と考えられていて、王にごく近く、軍の依頼を受けて神聖な儀式を挙げ、お産でも頼られた。古代社会でこれほど尊敬と崇拝の念を集めていた魔女は、いかにして今日のような魔的な悪者に変化したのだろうか。

> 著述家たちは魔女は人間を動物に変える力があると主張し魔女狩り熱をあおった

古代ローマでは
初期キリスト教徒が
黒魔術で糾弾される
こともあった

エデンの園の話にはいくつかのバージョンがあり、
誘惑する蛇が女性の姿で描かれる場合もある。

ラミアは悪魔と結びつけられて、蛇と共に描かれることが多い。

魔女という存在がどのように変化していったかについては、いくつかの説がある。ひとつが、インド・ヨーロッパ祖族が西方に拡大するにつれ、戦士、戦、荒々しい男神中心の男性優位文化が、以前は優勢だった穏やかで受け身の女神崇拝に取って代わったというものだ。現在でもインド・ヨーロッパ祖族には不明な点が多いが、男性優位社会や宗教の発展と共に、魔法と魔法を使っていた女性たちへのまなざしが変わっていったことは確かだ。

魔女へのまなざしの変化を具体的に知るには、神話の登場人物に注目するのが一番よいだろう。魔法を操ることのできる神秘的な女性たちは、多くの古代神話に共通する原型となった。ユダヤ神話に登場するリリスは、こうした危険な「魔力を持った」女性の原初例で、子どもを誘拐する奔放な夜の悪魔だ。アダムを誘惑するが、彼に献身するのを拒んでエデンの園を去ったとも言われている。恐るべき強力な存在であり、力を使って人々を悩ませていた。男性中心の宗教がこうした話を利用したため、妖術の伝授は異教崇拝と並ぶ危険な違法行為とされた。女神崇拝の社会と遭遇したユダヤ教は、こうして自らの宗教の優位性を確立した

キルケはしばしば、強力な魔法で男性から力を奪う利己的な女性と見なされていた。

ギリシャの悲劇詩人エウリピデスの戯曲では、メデイアは復讐の念に駆られて自らの子を殺める。

のだった。

ギリシャ神話にも魔術を操る女性が数多く登場するが、リリスのように白眼視されてはいない。古代ギリシャ神話に出てくる魔女メデイアは、イアソンに呪文、薬、魔法を授けて、冒険を助けた。メデイアとイアソンは結婚し、ふたりの子どもに恵まれるというハッピーエンドで、彼女は男性の英雄に魔力を与える助人的な役どころだ。この話では、魔法はイアソンの成功を助けるポジティブなもので、魔法を授ける女性はあくまで謙虚に振る舞う。彼女にとって、英雄を助け、結婚し、子どもを産むことは義務なのだ。

キルケの示す魔女像は違う。『オデュッセイア』に出てくるキルケは、オデュッセウスの部下たちを豚に変えてしまう危険な女性で、薬を使い、杖で魔法をかけて、自らの姿を消すこともできる。だがオデュッセウスは、男神ヘルメスから渡された魔法の薬を使って彼女に勝つ。反抗的なキルケもついには、オデュッセウスには魔法を使わないと誓い、彼の部下たちをもてなし、オデュッセウスと結ばれる。強力な女性が男性を陥れようとするが、最後には恋人、妻として「相応の」立場を受け入れるのだ。

ギリシャ神話には、凶暴な衝動を抑えきれな

聖書に登場する死者を呼び出すエンドルの口寄せの女は、神学者たちの論争の的となった

「魔法を操ることのできる神秘的な女性たちは、多くの古代神話に共通する原型となった」

キルケの宮殿に到着するオデュッセウスを描いた作品。

リリスの物語は、美しくふしだらな娘にうつつを抜かすなと男性に警告している。

魔女たちの女神、ヘカテ

ヘカテは初期のギリシャ神話では荒野と出産を司る女神だったが、時と共に魔術の女神、亡霊の女王と見なされるようになった。たいてい3つの頭を持った姿で描かれるが、これは月、大地、冥界、乙女、母、老婆といった彼女の様々な面を表している。魔術を司る女神ヘカテは、悪霊を退ける力があると信じられていたため、建物の戸口や城門に描かれていた。しかし逆に、怒らせると悪霊を呼び寄せるとの誤った説が流布し、この世とあの世の境界を守っていると考えられるようになる。キリスト教徒たちが唱えた強力な魔女という概念は完全にネガティブなものになり、雌犬や蛇とのつながり、黒犬に変身できる能力はさらに悪魔的な性格を強め、魔女は自在に変身できるとの説を生み出した。15世紀になる頃には、ヘカテは魔女たちの崇拝対象とされ、すべての魔女の女神というイメージがすっかり社会に浸透した。シェイクスピアの戯曲『マクベス』にも、「魔女たちは蒼ざめたヘカテにささげものの儀式を挙げる」とのセリフがある。

ネオペイガニズム［現代の異教］では、ヘカテは特別な存在だ。

い魔女というネガティブなイメージも描かれている。ラミアは美しい女王だったが、幼児を喰う恐ろしい魔物に変ってしまう。下半身が蛇の尾で、錯乱した悪魔のようなラミアの姿を描いた絵画もあり、母親たちが子どもたちを叱る時に、よい子にしないとラミアが来るよと脅すほど恐れられた。こうしたおぞましく忌まわしい女性の話が社会に浸透したせいで、魔法や、魔法を操っていた女性たちのイメージが損なわれたことは、容易に想像できるだろう。

とはいえ、ギリシャ人が魔法を敵視していたわけではなく、神々の力を祈願する儀式では、独特の宗教的魔法が用いられていた。彼らが目の敵にしていたのは、むしろ身のほどをわきまえない女性で、魔法の薬を売ったり呪文を唱えたりしただけで死刑に処された女性の例もある。ギリシャ人は魔法の力を強く信じて恐れるあまり、社会から魔法を根絶しようとした。神々への礼拝なと国家の統制下にある魔法は別として、下層階級、とりわけ女性が魔法を操るなど危険であり、一般社会は彼女たちを奇人と見なした。

ギリシャ神話の影響を色濃く受けたローマ文化でも、悪魔的な存在と、善良で従順で母のような魔女という共通概念は根強く残った。ローマ人も魔術を堂々と認め、国教の一部に組み込み、多くの人が、魔法は帝国に繁栄をもたらすと信じていた。宗教

ラミアは目をはずすことができると言われそのため予言能力があると信じられていた

は有力層により管理され、ローマ法と直接結びついていた。魔力を持つと称する宗教や宗派も登場したが、ローマの家父長的権力のバランスを損なう危険かつ冒涜的な存在であると見なされた。女性は力では男性には勝てないが、魔法と宗教を通してなら反抗できる。それ以前のギリシャ人と同じくローマ人も、力のある女性を何よりも嫌っていた。男性も女性も妖術を使っていたが、迫害の標的となったのは女性だった。

ローマ法では、黒魔術やこれを操る

エジプト文明に触発された一部のギリシャ文学では、ヘカテは犬、蛇、馬の頭を持つとされている。

キルケはオデュッセウスに魔法をかけようと薬を与えた。

MAGIC IN THE ANCIENT WORLD
古代の魔術

魔術は原初文明の頃から存在していた

イスラエル

古代ユダヤでは、魔術は表向きには禁じられていたが、ヘブライ文化には現代人からすると「魔術」に分類される多くの事物が見られる。秘薬の調合や呪文も発見されており、悪魔祓いや様々な護符、呪鉢〔悪霊から身を守るための呪文が刻まれた鉢〕、呪医術の形跡が確認されている。ユダヤ教の指導者のなかには、こうした行為を禁じる者もいたが、たいていは禁止どころか応用していた。

ナイル川が毎年氾濫するのは、イシスが兄であり夫のオシリスのために涙を流しているからだと信じられた。

エジプト

受胎から死まで、古代エジプトではあらゆる場面で魔術が利用されていた。護符、儀式、魔力を持った図像が日常生活に取り入れられ、神官は高度な目的のために魔術の神であるヘカに力添えを祈願した。魔術と医術は切っても切り離せない関係で、呪医と魔術師が協力して「超自然的」な病の治癒を神々に祈っていた。

者を断罪し、妖術で作物を枯らせたり、病気を流行せたりすることは重罪に問われた。魔女には、毒をつくり、死をもたらし、天候を左右し、変身さえできる能力があると信じられていた。魔女の火刑は、ローマ時代にさかのぼるが、頻繁に執行されるようになったのはキリスト教時代だ。ローマの統治者にとって妖術弾圧は、異教に帰依した者など様々な望ましくない人間たちを処分するまたとない機会だった。

卓越した驚異的な神イシスの崇拝は、勃興しつつあった初期キリスト教の勢いをそぎかねない影響力を持っていた。エジプトだけでなくローマ帝国各地で崇められており、完璧な母であり、妻でありながらも、魔力を秘めた女神だ。神話にありがちなネガティブなイメージとは違い、イシスは魔的女性の理想像だった。虐げられた人々の友でありながら社会的エリートにも近く、神のために魔力を用いるよき母だった。当初こそイシス信仰はローマ帝国で歓迎されなかったが、皇帝カリグラの支持を得て盛んになった。キリスト教の著しい発展と時期を同じくしてイシス信仰も大きく発展し、神々しい母イシスと預言者である息子のイメージが初期キリスト教に影響したとの説もある。このふた

> 357年、コンスタンティウス2世は、魔術を操る者は人類の敵であるとして禁じた

つの宗教は、それぞれ同時期に発展したものの、決して相いれることはなく、いつの日か一方が片方を凌駕する運命にあった。キリスト教の聖典は妖術に関して断固たる態度を取り、聖書には「魔法使いの女は、これを生かしておいてはならない」〔『出エジプト記』22章18節〕「呪文を唱える者、口寄せ、かんなぎ、死人に問うことをする者があってはならない。主はすべてこれらの事をする者を憎まれるからである」〔『申命記』18章11-12節〕とある。キリスト教にとって、妖術は宗教に対立するもの、悪魔と結びついたものであり、イシスとその魔力は忌まわしい異教だった。キリスト教が普及するにつれ、イシスなどの神々の信仰は禁止され、6世紀にはそれまで何千年もの間巡礼地だったフィラ

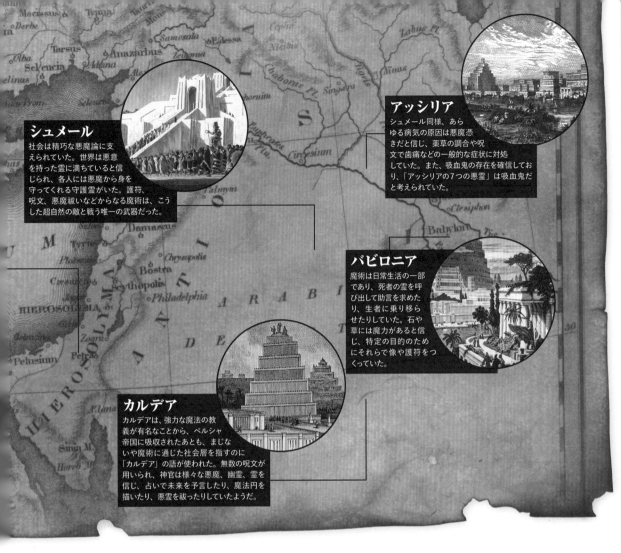

シュメール

社会は精巧な悪魔論に支えられていた。世界は悪意を持った霊に満ちていると信じられ、各人には悪魔から身を守ってくれる守護霊がいた。護符、呪文、悪魔祓いなどからなる魔術は、こうした超自然の敵と戦う唯一の武器だった。

アッシリア

シュメール同様、あらゆる病気の原因は悪魔憑きだと信じ、薬草の調合や呪文で歯痛などの一般的な症状に対処していた。また、吸血鬼の存在を確信しており、「アッシリアの7つの悪霊」は吸血鬼だと考えられていた。

バビロニア

魔術は日常生活の一部であり、死者の霊を呼び出して助言を求めたり、生者に乗り移らせたりしていた。石や草には魔力があると信じ、特定の目的のためにそれらで像や護符をつくっていた。

カルデア

カルデアは、強力な魔法の教義が有名なことから、ペルシャ帝国に吸収されたあとも、まじないや魔術に通じた社会層を指すのに「カルデア」の語が使われた。無数の呪文が用いられ、神官は様々な悪魔、幽霊、霊を信じ、占いで未来を予言したり、魔法円を描いたり、悪霊を祓ったりしていたようだ。

エ神殿〔現エジプト〕が、キリスト教徒ユスティニアヌス1世により閉鎖された。キリスト教は姦通した女性も悪魔の化身と見なし、「サタンにより堕落させられた奔放な女性が、無数の女の群れと共に獣の背に乗ると公言する」と糾弾した。こうした異教徒の女性たちは「不義」の罪を問われ、「不実の罠」にはまったと非難された。イシスのような強力な魔的女性が断罪された経緯をたどっていくと、キリスト教の普及によって、危険な魔女というイメージが（駆逐されるのではなく）強められていった過程がよく理解できる。キリスト教自体、最初から完成した形で生まれたわけではなく、長年の努力と苦労の末に発展したが、周辺の宗教に影響されなかったとは考えにくい。こうした宗教

イシス信仰は非常に影響力が強くクレオパトラはイシスが生まれ変わった女神であると称した

の多くは、妖術や魔術信仰の上に成り立っていたが、キリスト教は妖術を迷信であり、実在しないものと位置づけた。初期キリスト教では、妖術を信じること自体が悪魔に惑わされた証であり、断罪の対象とされた。このため、キリスト教と当時興隆をきわめた多くの宗教が対立し、キリスト教優位の下地が整った。妖術を信じることは多くの宗教における核だが、キリスト教ではそれだけで悪魔憑きと見なされ、異端として片端から断罪された。ギリシャ人やそれ以前のヘブライ人、そしてローマ人同様、キリスト教徒も魔術や妖術をスケープゴート、特異な人々を悪者にする手段として利用した。魔術を禁じる法律は魔術と同じくらい古くから存在していたが、様々な宗教の普及や、自

分たちと相いれない神秘的な信仰体系との対立の結果、妖術やこれを操る者に敵対的視線が向けられるようになった。ユダヤ教や勃興を果たしたキリスト教でも同様のことが起こった。ギリシャやローマなど魔術を実践していた社会でも、厳格な法律で「許容範囲」を定義していた。神話における魔法使いの描写をもとに社会、とりわけ女性たちがどうあるべきかといった理想像が浸透し、異議でも唱えようものなら、悪魔と結託していると断じられた。

神話から拾われてきたこうした不名誉な女性像は、何世紀もの間、一般的な魔女の概念を拡大するのに利用され、幾百、幾千もの無実の人の命を奪うことになる炎をたきつけたのだった。

15 Most Notorious Witches

15人の最も悪名高き魔女

真偽のほどはともかく、魔女と呼ばれた女性たちに注目し、
魔女にまつわる民間伝承の形成をたどっていこう。

魔女裁判や裁判にまつわる事象は微妙なテーマだ。というのも現代の歴史家の目には、これらの事柄は暴力的かつ奇妙に映り、魔術の罪で告訴したり裁判にかけたりするなど、文明社会の出来事というよりはむしろ、コメディグループのモンティ・パイソンのショーに近いように見えるからだ。しかし当時の人々にとっては、滑稽どころか生命にもかかわる重大事だったことは言うまでもない。

何世紀にもわたり、幾千もの人々が妖術で告発され、この上なく残忍な方法で拷問され、処刑された。魔女裁判の時代、都市でも村でも人生には敬虔か地獄行きかの二者択一しかなく、その結果、一定の標的パターンが生まれた。社会の周縁で生活する女性と、2、3度の結婚歴のある女性、治療行為を行っている女性だ。豊作で家畜が元気な時ならこうした存在も許容されるが、真冬の酷寒で作物が枯れたり、家族が病に倒れたりするような状況は人々の理解の範囲を超え、町はずれに住むのけ者に疑惑のまなざしが向けられた。

様々な出来事が重なるにつれ、根深い恐怖や不安がヒステリーに変わり、隣人が悪魔と手を握ったとか、赤子を食べているとか、仲の悪い人の作物を枯らしたとか、熊手にまたがって飛んだとかいう罪で告発されるようになる。裁判はもはや悪魔との戦いではなく、敵対者への恨みを晴らす場となっていた。

被告には一片の希望もない。無罪を証明するのは至難の業で、多くの罪のない行為が妖術や魔術の証拠とされた。ほとんどの場合、おぞましい運命から逃れられず、拷問で自白がしぼり出されたあとには、たいてい絞首刑、火刑、溺死刑、斬首刑が待ち受けていた。

イゾベル・ゴーディ

場所：スコットランド、オールダーン
告発年：1662 年

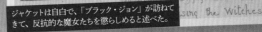
ジャケットは自白で、「ブラック・ジョン」が訪ねて
きて、反抗的な魔女たちを懲らしめると述べた。

本書でイゾベルを取りあげる理由はふたつ。第一に、彼女の詳細な証言により、ヨーロッパの魔女狩り時代の末期における、妖術をめぐる民間信仰についての理解が進んだこと。第二に、彼女が拷問なしに自発的に情報を提供したらしいことだ。

イゾベルの人生についてわかっていることは少ない。下層民の出身でおそらく読み書きができなかったと考えられるが、逮捕されたのか自首したのか、記録は残っていない。拷問なしで自発的に自白したことは確かだ。自白の3日前にあたる1662年4月10日、枢密院は拷問を用いて魔女の容疑者から自白を取ることを禁止した。

イゾベルは教育程度も社会的身分も低かったが、それを補ってあまりあるほど雄弁だった。自白は、どのようにして洗礼を棄て悪魔の印を受けたか、悪魔とどのように性的関係を持ったか、その他、幼児の遺体を掘り返したこと、馬に乗って飛行したこと、妖精の女王とおしゃべりしたこと、鳥に変身したこと、悪魔のつくったエルフ〔精霊〕の矢で人間や動物を殺めたこと、歌や呪文の詳細など多岐にわたった。また魔女仲間の名を挙げたため、41人が逮捕された。

イゾベルの死についての記録はないが、1678年以前のスコットランドでは、枢密院により裁判にかけられた魔女は、たいてい絞首の上に火刑に処されていた。

ジャケット・ド・リュクサンブール

場所：イングランド、ウォリック
告発年：1469 年

エドワード4世とエリザベス・ウッドヴィルの婚礼。妖術が功を奏して、成婚に至ったと言われている。

ベッドフォード公爵夫人ジャケットは、イングランド王エドワード4世妃エリザベスの母で、多数の有力者とのコネがあったにもかかわらず、魔女として告発された。

告発者はウォリック伯リチャード・ネヴィルに仕えるトーマス・ウォークで、タイミングとしては最悪だった。同年、エドワード4世はウォリック伯により拘束され、ジャケットの夫も息子も伯に命を奪われた。ウォークはウォリック城に向かい、鉛でできた男性像を掲げて、ジャケットが妖術に用いたと述べた。また教区の牧師ジョン・ダウンガーを説得して、ジャケットがほかにふたつの像をつくらせたと報告させた。ひとつは王、もうひとつは王妃の像で、これを使って娘の結婚を成就すべく妖術を行ったというのだ。ジャケットは逮捕され、ウォリック城に連行された。

しかし、彼女はおとなしく運命を受け入れたりなどせず、ロンドンの高官に連絡を取り、自分がマーガレット・オブ・アンジューを説得したおかげで、ロンドンがランカスター朝の手に落ちなかったことを思い出させた。高官らは彼女を助けることを決め、ただちにウォリック伯の盟友クラレンス公と接触した。

ジャケットに対する告発は勢いを欠き、エドワード4世が解放されるや完全に行き詰った。1470年1月、ジャケットは国王の閣僚会議で、自分に積年の恨みを抱くウォークを非難し、ウォークの集めてきた「証人たち」も証言を覆し、彼女は無罪放免となった。身の潔白が完全に証明されたわけではないが、彼女は公式記録に自分の無罪を記載するよう要求し、要求は同年2月10日に認められた。

「ジャケットに対する告発は勢いを欠いた」

マザー・シプトン

マザー・シプトンの予言は非常に正確で、ノストラダムスにも比すると考えられていた。

場所：イングランド、ヨークシャー、ナレスボロ
告発年：不明

醜くて鉤鼻で、頬がこけていてイボだらけで、猫背。こうした魔女のイメージは、16世紀の悪名高き女預言者マザー・シプトンの伝説が起源との説がある。

洞窟で生まれたマザー・シプトンことアーシュラは、生まれた時から歯が生えそろっていて、目は突き出し、異様な容姿だったと言われる。母アガサ・サウシエルも魔女と考えられていて、アーシュラは悪魔の子と呼ばれたが、町民には受け入れられたようだ。

容姿は別として、彼女の予知能力は伝説として語り継がれることになる。予言がきわめて正確だったために引っ張りだことなり、遠方からも彼女の言葉を求めに人々が足を運んだ。人々はいさかいを解決するのにしばしば彼女の力を頼り、その賢明な言葉に、悪事を働く者も罪を告白したという。予言のスケールは次第に大きくなっていく。一説によれば、スコットランド女王メアリーの処刑からアルマダの海戦におけるスペインの敗北や、1665年のロンドンの大疫病まで、あらゆることを予言したそうだ。マザー・シプトンは1561年頃に他界し、リチャード・ヘッドなる人物が彼女の予言を本としてまとめて1684年に刊行した。ヘッドは後年、この本の大半が自分の脚色によるものだと告白したが、現在でもマザー・シプトンは英国で最も有名な予言者として記憶されている。

アンジェル・ド・ラ・バルト

場所：フランス、トゥールーズ
告発年：1275年

アンジェル・ド・ラ・バルトの命取りになったのが、悪魔と性交したこと、そしてオオカミの頭と蛇の尾の生えた、赤ん坊を貪り食う怪物を生んだことだ。カトリック教会から異端と見なされていたグノーシス主義的キリスト教分派カタリ派を熱心に信奉していたことも、足を引っ張った。告発したのは宗教裁判官ユーゴ・ド・ブノワで、アンジェルが怪物じみた我が子を養うために幼児をさらって殺害した上、過去2年の幼児行方不明事件の犯人は彼女だ、と主張した。

バルトは激しい拷問を受けてあることないことを自白させられ、赤子を食べる怪物は追及の手を逃れるために飛び去ったと証言した。彼女は有罪判決を受け、火刑に処された。

長い間、アンジェルは、中世の魔女裁判で異端魔術のかどで処刑された最初の人物だと考えられてきたが、裁判所の記録には公判記録が一切なく、現在では、彼女の話はフィクションとの見方が一般的だ。さらに興味深いことに、当時悪魔と性関係を持つことは違法ではなかった。過激な信者からすればバルトは格好の標的だったという意見もある。彼女はどこか社会になじめない存在だったのだろう。狂信的な宗教と、あらゆる「他者」への疑念の犠牲になったのだ。

実在の人物であったかどうかはともかく、アンジェルの話は中世の魔女裁判で告訴された女性の末路——火あぶりの刑——の典型だ。

サラの裁判をきっかけに告発の波が起き、魔女とされた女性たちが処刑された。

サラ・グッド

場所：アメリカ、マサチューセッツ州、セイラム
告発年：1692 年

セイラム魔女裁判は半ば伝説化しており、ヒステリーや、人々がいともかんたんに敵対するさまは、いかに恐怖が暴力を引き起こすかを如実に表している。サラ・グッドは裁判の最初の犠牲者のひとりだ。ひとり目の夫の借金返済で家と財産を失うと、村で物乞いをするまでに追い詰められた。手を貸してくれない人に呪いの言葉を吐くこともあったと言われているが、失望と当惑からくるこうした行動が、のちに自身の首を絞めることになる。

1692 年 2 月 25 日、アビゲイル・ウィリアムズとエリザベス "ベティ" ・パリスは、サラに呪いをかけられて痙攣を引き起こされたとして彼女を告訴した。3月15日にはじまった公判で、ウィリアムズとパリスはサラを見て興奮状態に陥り、そのうちのひとりが、サラは霊を使って自分を苦しませて刺し殺そうとしていると主張し、壊れたナイフを証拠として提出した。ある傍聴人が自分が捨てたナイフだと名乗り出たが、耳を傾ける者はいなかった。狂乱はとどまることを知らず、サラの夫が妻の背中に魔女の印があると証言し、彼女の娘（当時4、5歳）も噛んだ跡のある指を見せて、母からもらった蛇に噛まれたと述べた。

サラは 1692 年 7 月 19 日に絞首刑に処された。処刑前、セイラムの牧師ニコラス・ノイスから罪の告白を勧められたが、「私が魔女なら、あなたは魔法使いだ。私の命を奪ったら、神に血を飲まされるだろう」と答えた。後年、ノイスは脳溢血で他界した。

メレ・ユンスドッター

場所：スウェーデン、エルブダーレン
告訴年：1668、72 年

1668 年から 76 年にかけてスウェーデン各地で吹き荒れた魔女狩りの嵐は、「グレート・ノイズ（大騒動）」と呼ばれた。メレは事の発端となった不運な女性だ。水の上を歩いた容疑で尋問された 12 歳の少女ゲルトルード・スウェンスドッターが、悪魔の仲間、すなわちメレから能力を授かったと証言したのがきっかけで、メレは狂気の渦に巻き込まれた。宗教裁判官が少女を誘導尋問したのは明らかだ。

だがひとつ問題があった。スウェーデンの法律は自白なしでの処刑を禁じており、メレは一貫して無罪を訴えていた。けれども有罪判決は既定路線だったため、司祭たちは指示を受けて彼女に、自白なしでも処刑されるが、自白すれば聖体の秘跡を受けることができ、天国へ行けると諭した。それでも彼女は無罪を訴え、やむなく当局は彼女を牢獄へ送り返した。

彼女が牢獄から無罪を強く主張し続けている間、メレの裁判に続きモーラ魔女裁判が開かれ、スウェーデンはヒステリックな恐怖に覆われた。この裁判では 60 名が告訴され、14 名がその年のうちに処刑された。

1672 年 4 月 16 日、当局はしびれを切らし、証言と指にあるあざを悪魔の印として有罪判決を下し、9月、33 人の死刑囚と共に処刑した。また、1674 年に裁判所は、死刑を免れるために無罪を主張する被告がいるとして、妖術の容疑に自白は必要なしと判断するに至った。

モーラ魔女裁判を描いたドイツの絵。メレの裁判をきっかけにヒステリーが起こり、裁判へとつながった。

モルはレオナルドタウンの住民に呪いをかけたと言われている。

モル・ダイアー

場所：アメリカ、メリーランド州、レオナルドタウン
告発年：1697年

モルは興味深い人物だ。というのも、現在、彼女の話が架空であることは広く認められているものの、その裁判は魔女をめぐるヒステリーの典型を示しているからだ。モルはおそらくアイルランド貴族で、忌まわしい過去から逃れるために故国を去ったと思われる。人里離れた家に住み、時々薬草による治療を行っていた。現地の人々はこうした生活に眉をひそめ、彼女を魔女だと決めつけたが、おとなしくしていればまわりも怖がることはなかった。

けれども不運なことに、いくつかの自然現象が立て続けに起こり、状況は一変する。1697年、メリーランドの冬はとりわけ厳しく、多くの人が死に、生き残った者は食糧難にあえいだ。モルに不信のまなざしが向けられ、彼女が町を呪っているという噂が流れた。そこに疫病（おそらくインフルエンザ）が猛威を振るい、多くの命を奪った。住民にとっては耐えきれない事態で、モルに非難が集中した。ある底冷えする夜、彼女の家に火が放たれ、モルは森に逃げ込んだ。力つきた彼女は大岩の上に膝をつき、片手を岩に、もう片方の手を別の岩に置いて、土地と迫害者を呪った。遺体は数日後に移動されたが、呪いを忘れさせないかのように、岩の上に手の跡が残ったという。

現在、大岩はレオナルドタウン裁判所の外にあり、手の跡は見えないものの、近づいたら痛みを感じたとの報告が複数ある。白いドレスをまとった長い白髪の女性が厳寒の夜に森を歩いているとか、白い犬がモル・ダイアー通りで交通事故を起こすという話もある。

アリス・キテラー

場所：アイルランド、キルケニー
告発年：1324年

アリスに対する告発にはふたつの新しい事柄が含まれている。ヨーロッパではじめての魔女裁判のひとつだったこと、そして悪魔との性交が報告された最初のケースだったことだ。

アリスは過去にひとり目の夫殺しの容疑をかけられ、告訴されたことがあった。1324年には4番目の夫ジョン・ル・ポア卿が病を患い、毒を盛られたのではないかと危惧した。ジョンが他界すると予審がはじまり、彼の子どもたちはアリスが父に毒を盛って呪詛したのだと非難した。また、アリスだけでなく使用人や息子も、キリスト教を否認して異端に走っている、悪魔のために動物を生贄にしていると糾弾された。告発は受理され、アリスをはじめとする人々は、異端、薬を使ってキリスト教徒に害を及ぼした罪、殺人、悪魔と性的関係を持った罪など様々な容疑をかけられ、尋問された。

アリスは罪状を認めようとせず、手をまわして、訴訟を担当していた司教リチャード・ド・レドレードを逮捕させた。このため、首席裁判官ジョン・ダーシーはキルケニーを訪れて現状を確認して司教を釈放し、アリスの早期逮捕に向けて本腰を入れた。最初に降参したのは召使のひとりペトロニーラ・デ・ミーズで、激しい拷問を受けて、妖術を使ったことを告白した。ペトロニーラはアイルランドではじめて魔女として火刑台送りとなり、迫害者たちはアリス攻撃の材料を得た。アリスは1325年に有罪判決を受けたが、死刑執行前夜に逃亡。イングランドに渡ったと思われるが、その後を知る者はいない。

ティテュバ

場所：アメリカ、マサチューセッツ州、セイラム
告発年：1692年

ティテュバは最初に告発されたが、多くの被告が処刑されるなか、命拾いした。

アメリカ先住民でサミュエル・パリス牧師の奴隷だったティテュバは不名誉なことに、のちにセイラム魔女裁判と呼ばれることになる事件で最初に告発された女性だ。アビゲイル・ウィリアムズとエリザベス・パリスは妖術を使って自分たちに痙攣を起こさせたとして、最初にティテュバの名を挙げた。さらにサラ・オズボーンとサラ・グッドも同じ主張を繰り返し、ティテュバは罪状を認め、妖術を操っている別の者たちの名を挙げた。これは多くの魔女裁判で見られる典型的パターンだ。魔女として告発された上に異邦人であるにもかかわらず、ティテュバが死刑に処されなかったのは意外というほかない。パリスが拘置費用を払わなかったため13か月間投獄されたが、謎の人物が費用を払って、彼女を村から連れ出した。彼女がその後どうなったのか、知る者はいない。

アグネス・ウォーターハウス

場所：イングランド
告発年：1566年

マザー・ウォーターハウスことアグネス・ウォーターハウスはイングランドで最も有名な魔女と言われるが、自身でも、悪評を楽しんでいたように見える。彼女は宗教裁判所ではなく世俗裁判所で告発され、裁かれた最初の魔女でもある。当時、教会が介入しない魔女裁判は稀だった。ウォーターハウスはサタンという名の猫を飼っており、この子は動物を殺すことができるのだと語っていた（猫はのちにヒキガエルとして語られた）。彼女の娘ジョアンは近所に住むアグネス・ブラウンに食べ物を分けてもらえなかったため、このヒキガエルに助けを求めたところ、ヒキガエルは魂を差し出したら助けようと答え、ジョアンは条件をのんだ。するとヒキガエルは黒犬に姿を変えて、ブラウンを困らせた。

これはウォーターハウス裁判の核心となり、ブラウンは角の生えた黒犬にナイフで脅され、黒犬にお前の「女主人」は誰なのかと聞いたところ、頭を振ってウォーターハウスの家を指したと証言した。

それで十分だった。結審から2日後、ウォーターハウスは処刑された。裁判の間は大胆に虚勢を張っていた彼女も、死を目前にして神に赦しを乞うたという。

世俗裁判所で裁かれた最初の魔女アグネスを描いた木版画。

カトリーヌ・モンヴォワザン

場所：フランス、パリ
告発年：1680年

ラ・ヴォワザンを描いた17世紀の版画。翼の生えた悪魔が肖像画を持っている。

ラ・ヴォワザンことカトリーヌ・モンヴォワザンは、毒殺事件に関与した悪名高きフランスの魔女だ。黒ミサを挙げていた彼女は一連の殺人事件の主犯とされ、魔女として火あぶりにされた。予言、媚薬、助産術に通じていたラ・ヴォワザンはパリの貴婦人たちの間で引っ張りだこだったが、1675年以降、歯車が狂いはじめる。ブランヴィリエ侯爵夫人が父と兄弟に毒を盛った罪で裁判にかけられ、有罪判決を受けて処刑されたが、これをきっかけにいくつもの不審死に注目が集まり、錬金術師や占い師が逮捕されて尋問を受けた。

毒の使い方に通じた占い師マリー・ボッスがラ・ヴォワザンの名を挙げたために逮捕され、国王の愛人モンテスパン侯爵夫人を含む数多くの大物宮廷貴族の名を挙げた。協力的に振る舞ったかいもなく、ラ・ヴォワザンは妖術と毒殺のかどで有罪判決を受け、パリ中心のグレーヴ広場で火刑に処された。

映画やテレビの題材に
なった魔女たち

魔女や魔女裁判は、過去の社会を理解する貴重な手がかりであると同時に、現代のエンターテインメントでも様々なキャラクターやストーリーのモデルになっている。

『ウィッチ』（2015年）

モデル：17世紀一般
実在の魔女をモデルにしているわけではないが、監督ロバート・エガースは魔女裁判を丹念に調査し、当時の雰囲気の再現に見事成功した。長女が魔女の疑いをかけられ、狂気と悲劇に陥る家族の物語で、苦境、食糧難、迷信のせいで道を踏みはずしていく人々の様子を見事に描いている。

新世界アメリカでも各地で、魔女の容疑者が検挙された。

『アメリカン・ホーンティング』（2005年）

モデル：ベル・ウィッチ事件
1817年夏、アメリカのテネシー州でベル・ウィッチと呼ばれる事件が起こった。映画はジョン・ベル一家、特に娘ベッツィーを中心に展開する。魔女はジョンを殺してやると口にし、1820年、ジョンは他界。死因は魔女に盛られた毒と言われた。映画はこの悲劇を膨らませて細部を脚色し、幼児虐待のテーマにまで広げている。

ベル・ウィッチ事件の犠牲者ベッツィー・ベル。

『アメリカン・ホラー・ストーリー：魔女団』（2013年）

モデル：マリー・ラヴォー
『アメリカン・ホラー・ストーリー』のシーズン3『魔女団』には、実在の人物をモデルにしたキャラクターが数多く登場する。なかでもアンジェラ・バセットが演じたヴードゥー教の女王、マリー・ラヴォーは一目瞭然で、1800年代にニューオーリンズで悪名をはせた同名の女性をモデルとしている。彼女の人生について詳しいことはほとんどわかっていないが、とりわけニューオーリンズでは伝説的人物である。

ニューオーリンズでヴードゥー教の女王マリー・ラヴォーを知らない者はいなかった。

「妖術の話を聞いた王は
激怒した」

アリゾン・デヴァイス

場所：イングランド、ランカシャー
告発年：1612年

アリゾン・デヴァイスとジョン・ローの事件は、地元判事ロジャー・ノウェルの注意を引き、ペンドル魔女裁判へと発展した。

発端はささいなことだった。魔女として知られていたデムダイクの老婆の孫娘アリゾンは、トラウデン・フォレストへ向かう道すがら、行商人ローとすれ違い、針を恵んでほしいと頼んだ。17世紀、針は治療や恋愛魔術に使われていた。彼女にお金がなかったからか、それとも少量で売りたくなかったからかは定かでないが、ローは頼みを拒んだ。アリゾンは仕方なく歩き続けたが、ローは落馬した。おそらく何らかの発作だったのだろう。ローは当初、アリゾンに危害を加えられたとは訴えなかったが、のちに彼女自身が自分の力のせいだと信じ込んで、謝罪した。

アリゾンと彼女の母、兄弟がノウェルのもとに出頭させられ、アリゾンは悪魔に魂を売ったと自供し、兄弟は彼女がある子どもに魔法をかけたと証言した。彼女はアン・ウィットルについても尋問を受けた。アンはやはり妖術使いで知られるウィットル一族の女家長

アリゾンから、父を含む4人を呪い殺したと告発されたアン・ウィットル。

だ。デヴァイス家とウィットル家は対立しており、アリゾンはアンが妖術で4人の男性を呪い殺したと訴えた。裁判の結果、アリゾンはガローズ・ヒルで絞首刑に処された。

アグネス・サンプソン

場所：スコットランド、ネザーキース
告発年：1590年

アグネスは70人が処刑されたノース・バーウィック魔女裁判の最初の犠牲者で、妖術を用いて国王夫妻に危害を加えようとした容疑で有罪判決を受けた。

きっかけはハロウィンの夜、サタンが主催する魔女の集会サバトにアグネスが出席したことだった。サバトの間、魔女たちはスコットランドへ航行中の王妃アン・オブ・デンマークの船を転覆させようと、魔法を使って北海に猛烈な嵐を起こした。アンは航海をあきらめざるをえなかったが、船は沈まずにすんだ。

アグネスは何とか目的を達成しようと、さらに北海に激しい嵐を呼んだ。今度の標的は、スコットランド王ジェームズ6世が乗った船だった。妖術の話を聞いた王は激怒し、1590年にスコットランドで開かれた一連の裁判で、自ら魔女を尋問した。当初、王はアグネスの有罪を確信していなかったが、彼女の自白を聞いて考えを変えた。アグネスは有罪とされ、鉄の首かせをはめられて拷問されたのち、キャッスルヒルで火あぶりにされた。

ヴァルプルガ・ハウスマニン

場所：ドイツ、ディリンゲン
告発年：1587年

ヴァルプルガは寡婦で、19年間助産婦を勤めたが、妖術、吸血行為、幼児殺しの容疑で告訴され、逮捕された。告訴の根拠ははっきりしないが、拷問を受けて数々の驚くべき事柄を自白した。彼女の「堕落」の人生は、1556年に夫を亡くした直後にさかのぼる。彼女は当時、仕事仲間と密会の約束をしたが相手はこず、代わりに悪魔がやってきて、彼女と性的関係を持った。

フェダーリンという名の悪魔は満足だったようで、その後も彼女と会い、サタンに忠誠を誓えば貧しさとは無縁の生活を約束しようと持ちかけた。彼女はこれを受け入れ、フェダーリンは彼女を空飛ぶ熊手に乗せてオールドスクラッチ〔悪魔の俗称〕のところへ連れていき、契約を交わして赤子を焼いて食べ、性交した。

彼女はフェダーリンから軟膏を授けられ、これを用いて作物、子ども、大人、動物に危害を加えた上、助産婦として働いていた時には洗礼前の赤子を40人殺してその血を吸い、ほかの魔女たちと一緒に食べたと自白した。

教会も帝国裁判所も彼女に有罪を宣告し、死刑判決を下した。彼女は市中を引きまわされ、いくつもの地点で立ち止まって拷問された。5つないしは6つの地点では、両乳房、両腕、左足を鉄器で引き裂かれた。処刑場に到着すると、かつて助産婦としての誓いを立てた右手を切断の上、火あぶりにされ、灰は川に流された。

魔女を誘惑するサタンというテーマは、多くの魔女裁判で取りあげられた。

フルダ魔女裁判で告訴された魔女たちが投獄されていた塔。

メルガ・ビエン

場所：ドイツ、フルダ
告発年：1603年

ドイツのフルダは変わり者には住みやすい町ではない。メルガにとっても理想的な町ではなかっただろう。1603年から06年にかけてフルダ魔女裁判で処刑された魔女のうち、最も有名な女性のひとりがメルガだ。

狂信的なまでに敬虔な人物である修道院長バルタザール・フォン・デルンバッハが、あらゆる災いの原因は魔女にありと宣言し、大々的に魔女を狩ったというお決まりのパターンだが、皮肉なのは、デルンバッハ自身が不適切な行動で告発されて追放処分を受けたことだ。だが追放が解かれるや魔女狩りを再開し、あらゆる不信心な行為を根絶しようとした。

不運なことに、メルガはたまたまフルダに帰省中のところに巻き込まれた。町には恐怖と疑念が蔓延していたが、彼女は自分が妊娠していることに気がついた。それ自体はありふれたことだが、彼女の場合は結婚して14年にもなるのに子どもができなかった。ようやく身ごもった彼女のことを、町の人々が悪魔の子を宿していると噂したのも意外ではない。

メルガは逮捕され、2番目の夫とその子どもたち、さらに現在の夫の雇用主の子どもを殺したと告白し、サバトに出席したと述べた。またおなかの子の父はサタンだとも自白させられた。

彼女は有罪の宣告を受け、1603年の秋に火あぶりの刑に処された。フルダ魔女裁判で告訴され、処刑された人の数は200人を下らないという。

迫害のタイムライン

数世紀の間、ヨーロッパでは魔女の疑いがかけられることは危険であり、命取りにもなりかねなかった。

教皇庁が妖術と異端を結びつける
教皇ヨハネス22世は勅書で、妖術と異端、悪魔との契約を一連のものとして扱った。以降、この論はヨーロッパ大陸の魔女裁判の核をなした。

1316

スイス、ヴァレー魔女裁判
ヨーロッパの魔女裁判の皮切りとなったケースで、飛行、食人、オオカミへの変身といった罪が問われた。1447年までに少なくとも367人が火刑に処された。

1428

『魔女に与える鉄槌』
ドイツ人聖職者ハインリヒ・クラーマーとヤーコプ・シュプレンガーによる、15世紀の魔女狩りの手引き。1669年までに36版を数え、当時の魔女狩りの文書としては最も有名な書のひとつだ。

1487

イゾベル・ゴーディの自白
スコットランドで最も有名な魔女イゾベルは、建前では、拷問なしに4度にわたり詳細な自白をした。自白にはエルフの矢で人を殺したこと、作物を荒らしたこと、フェアリーの女王に会ったことなどが含まれていた。しかし、彼女の処刑について公的な記録は残っていない。

1662

マシュー・ホプキンスの恐怖時代
自称「魔女狩り将軍」ホプキンスは、イングランド東部イースト・アングリア地方で魔女撲滅運動を展開した。驚くほどいい加減な証拠と問題の多い尋問方法を用い、彼の影響のもとイングランド唯一の「魔女パニック」が形成されていった。

1644

フランス、ルーダンの憑依
ルーダン修道院のウルスラ会修道女は、悪霊の訪問を受けて憑依されたと主張。ユルバン・グランディエ神父が悪魔を呼び寄せたとして有罪判決を受け、火あぶりの刑に処された。

1634

イングランド最後の魔女の処刑
「ビデフォードの魔女」のメアリー・トランブルズ、テンペランス・ロイド、スザンナ・エドワーズは、イングランドで妖術の罪で絞首刑に処された最後の魔女とされる。3人は南西部デヴォンで処刑された。

1682

セイラム魔女裁判
200人
セイラムで妖術の罪で告訴されたと推定される人の数。

20人 告訴されたうち、有罪判決を受けて処刑された人の数。

2日 ジャイルズ・コーリーが「石責め」の拷問を受けてから落命するまでの時間。

処刑から300年以上もすぎた近年、ビデフォードの魔女の特赦を求める動きがあった

1692

イングランドの魔女迫害に幕が引かれる
1736年の妖術禁止令により、妖術は違法行為ではなくなった。ただし、他者を妖術の疑いで訴えたり、魔女を自称したりすることは刑罰対象となり、懲役最大1年に処された。

1736

イングランドで妖術禁止令が発布される

この新法律により、呪殺が死に値する重罪として法令書に記載された。妖術で病を引き起こしたり、物品を破損したりした者は、1年の禁固刑とさらし刑に処された。

1563

『魔術の暴露 (The Discoverie Of Witchcraft)』

レジナルド・スコットによる書。様々な資料から証拠や例証を援用し、妖術は存在せず、魔女を告訴したり裁判にかけたりするのは誤りだとの論を証明して反響を呼んだ。

1584

ノース・バーウィック魔女裁判

70人
2年にわたる裁判で告訴された人の数。

4つ
アグネス・サンプソンが拷問を受けた際に、口につけられたくつわの鋭利な突起物の数。

2500人
魔女裁判全般を通して、スコットランドで妖術の罪で処刑された人の数。

1590

> 魔女が自分の乗った船を転覆させようと嵐を起こしたと信じるジェームズ1世は、自ら魔女裁判に乗り出した

ヴュルツブルク魔女裁判

157人
ヴュルツブルクで斬首ののち火刑にされた人の数。

219人
町で処刑された人の数。

900人
ヴュルツブルク司教領全域で処刑された人の数。

1626-1631

ペンドル魔女裁判

イングランドで最も有名な魔女裁判とも言われ、イングランドではじめてサバトに言及した裁判のひとつでもある。10人の容疑者が処刑され、ひとりが獄死。放免されたのはわずかひとりだった。

1612

> 9歳のジェネット・デヴァイスの供述が決め手となり、ペンドルの魔女たちは処刑台へ送られた

妖術に関するイングランドの法令の厳格化

魔女を嫌悪するイングランド王ジェームズ1世が即位。霊を呼び出したり交信したりすることは反逆罪同様の重罪で、死刑に値するとされた。

1604

スイスのグラールスでアンナ・ゲルディが処刑される

テューディ家で召使をしていたアンナは、同家の娘の食事に針を入れたとして告訴された。拷問を受けて、悪魔と契約したと自白し、斬首刑に処された。ヨーロッパで魔女として処刑された最後の人物。

1782

形勢逆転

デヴォンでスザンナ・セリックという名の中年女性が魔女として訴えられるが、法廷で見事に反証し、原告は罰金を科された。1860年にも訴えられたが、同様の結果となった。

1852

ヘレン・ダンカン投獄される

1735年の妖術行為禁止令により、有名な霊媒師ヘレンが詐欺行為で金をだまし取ったとして9か月間投獄された。戦時中の安全を脅かしたために逮捕されたという説もある。

> ヘレン・ダンカンは誰よりも早く、英国の戦艦2隻の沈没を言いあてたと言われる

1944

《魔女の夜宴》（部分）

クラース・ヤコブスゾーン・ファン・デル・ヘック、1636 年

この油彩作品からもわかる通り、広大な風景画で知られていたファン・デル・ヘックの作品。廃墟にこの世のものならぬ化け物や魔女が集まり、様々な儀式を挙げる一方、中央の地球儀の上にはグロテスクな化け物がすわっている。大釜の上に身を傾ける猫背の女や使い魔など、妖術と関連する典型的イメージが各所にちりばめられ、空には無数の悪魔や化け物、長衣をまとってほうきに乗った人間が飛び交っている。

Lighting
the Pyre

燃えさかる薪

中世ヨーロッパの人々は魔力を信じていなかった。
しかしなぜ、大衆を堕落させようとする闇の秘密社会が
恐れられるようになったのだろうか。

中世のイメージはあらゆる分野でネガティブだ。魔女の歴史の分野では、隣人の誹謗や「知恵のある」占い女という噂だけを根拠に、老婆を火刑台送りにする過激な異端審問官を思い浮かべるが、事実は必ずしもそうではなかった。実際のところ、ヨーロッパや北アメリカにおける魔女裁判と熱狂を生み出したのは、ルネサンスと啓蒙運動だ。というのも、中世の迷信の束縛を解かれた人間はきわめて明晰かつ科学的主張を通して、魔女は自分たちの間に実在すると確信し、炎で根絶しようと考えたからだ。シェイクスピア作品のような中世の小説と、17世紀前半のジェームズ1世時代の戯曲における魔法の取りあげ方を比べてみるとよいだろう。前者では魔法は存在するが、奇想天外、つまりは魔的なものであるという大前提に立っているのに対し、エリ

夫の手から逃れるには
ハチミツを体に塗って
裸で小麦粉の上を転げまわり
その粉で夫のためにパンを
焼くとよい

ザベス1世やジェームズ1世時代の英国では、魔術は空想の産物から実際の危険に変質した。中世において、魔術との遭遇は、妖精の世界へ足を踏み入れることを意味しており、シェイクスピアやマーロウの作品では、身近な降霊術師が魔術を担っていた。

西ローマ帝国の崩壊からルネサンスの夜明けまでの長い期間、妖術の概念は広く一般に受け入れられると同時に、公的には退けられていた。これとは対照的にローマ法は妖術を罰すべきものと定めたが、それでも皇帝は予言者を手もとに置き続けた。ローマ時代には、呪い板（危害を加えたい相手への呪いの言葉が刻まれた板）が多用されていた上、公平な裁判や警察が存在しない時代には、清算手段として許容されてもいた。だが行きすぎた行為や、降霊術師に頼んで他人に死をもたらす者は、ローマ法により火あぶりの刑に処された。

端麗王フィリップ4世の代官に拷問を受けたのちに尋問される、テンプル騎士団総長ジャック・ド・モレー。

テンプル騎士団
をめぐる裁判

キリストとソロモン神殿の貧しき騎士、すなわちテンプル騎士団の崩壊は、ヨーロッパ史における重要な出来事であり、妖術や異端の概念をまとめあげるのにひと役買った。

端麗王ことフランス王フィリップ4世は、テンプル騎士団の財産を没収し、かつ騎士団への莫大な借金を帳消しにするために、騎士団解体を決めたが、それを実行するには口実が必要だった。

騎士団は秘密主義で知られており、彼らの生活に関する噂が飛び交っていた。1307年10月13日金曜日の夜明け、王の代官らが騎士団総長と幹部を逮捕し、各地で拷問にかけた。召喚状は「神は喜んでおられない。王国には信仰の敵がいる」との書き出しではじまる。

彼らは筆舌につくせぬ過酷な拷問を受け、異端行為、冒涜行為、妖術を告白した。これらの罪状を裏づける証拠はほとんどなかったが、フィリップ4世が裁判官に圧力をかけたこともあり、総長ジャック・ド・モレーの断罪・処刑および騎士団の解散を引き出すには十分だった。

この事件はヨーロッパの人々の意識に、妖術と異端を一対のものとして植えつけ、のちの魔女裁判で重要となるもうひとつの要素を示した。教会ではなく、世俗権威が妖術を裁くという図だ。

呪い板。「私はトレシア・マリアとその命、心、記憶、肝臓や肺など、言葉、思い出を呪う。彼女が、いかなることが隠されているか、隠れうるかを語ることができないように」と書かれている（大英博物館による英訳）。

これに対し、8世紀にカール大帝が発布した法典は、誰かを魔女と断定して火あぶりにする者は殺人罪に問われ処刑されると定めた。この逆転は、妖術を迷信と考えるカトリック教会の主張に呼応している。聖アウグスティヌスの論でも10世紀の『司教法令集（Canon Episcopi）』でも魔女の力は架空のものにすぎず、こうした力が実在すると信じることこそが異端であった。確かに教会法の一部であるカノン法には、獰猛な獣にまたがって夜間飛行すると公言する女性について書かれているが、そうしたことを可能だと信じる女性たちを「思慮に欠け」「愚か」だとしている。魔力を「架空」とするカノン法は、魔力の実在自体ではなく、悪魔に惑わされてこうした力が実在すると信じることこそが罪であると考えた。

だが、のちの猜疑心の強い魔女狩り人の目には、一般的な伝統行為や護符に魔力があるように映った。たとえば、農夫がオットセイの毛皮で雷から身を守ったり、乙女に頼んでオリーブの木を植栽して豊作を祈るといった習慣で、こうしたことは世間で広く行われていた。中世、妖術の実践は現実的な問題だったが、これを操るには学習や教育が必要とされていたため、訴えられるのはもっぱら男性だった。学問の言語であるラテン語を読める女性はほとんどいなかったのだ。

当時、妖術は「ネクロマンシー（降霊術）」と呼ばれ、死者を呼び寄せることを指していた。中世では旧約聖書のサムエルとエンドルの口寄せの女の話を根拠に、こうしたことが可能だと広く信じられていた。ペリシテ人の侵攻に悩まされ、若きダビデに妬みを抱いていたイスラエル王サウルは、魔女〔口寄せの女〕に頼んで、予言者サムエルの霊を黄泉から呼び寄せた〔『サムエル記上』28章〕。するとサムエルの霊は、そなたは神から権限を奪われ、明日、ペリシテ人がそなたの軍を破り、そなたは死ぬだろうと言い渡した。この聖書の話が裏づけとなり、占いのために死者を呼び寄せたり謎を解いたりすることが可能だと考えられるようになった。ただし、その手段が書かれているのはたいてい魔術書や魔法の手引きで、儀式の挙げ方が符号やラテン語で記されていた。その

『魔女に与える鉄槌』は、のちの魔女裁判の論理的根拠を打ち立てた主要文書のひとつ。

ため、いわゆる降霊術師は読み書きだけでなく、ラテン語の心得も必要だった。14世紀前半に降霊術で告訴された人のほとんどが男性だったのには、こうした背景がある。

しかし、15世紀から16世紀にかけて変化が起こる。理由は複雑だが、14世紀の黒死病の度重なる流行による深刻な混乱と、その結果として起こった異端宗派の普及が主な要素だ。中世の世界観では、こうした災難は、社会が神の教えから逸脱していることが原因だと考えられた。かくしてスケープゴート探しがはじまる。最初の犠牲者はヨーロッパのユダヤ人共同体で、人々は熱に浮かされ、疑惑は瞬く間に広まった。その昔、魔力の実在を軽くあしらっていた教会当局は、こうした力が存在するとの論を支持するようになり、サバトで女たちが悪魔と手を結び、あらゆる悪行に走っていると信じられるようになった。

悪魔との契約という概念が受け入れられれば、以前は降霊術師だけが行っていた強力な魔術の扉が、無学な人々にも開かれる。つまり、明らかに魔術に必要な知識を持ちあわせていない村の女も、悪魔と契約を結べば、自分に欠けている知識を与えられるのだ。

昔ながらの信仰を守る社会のはみ出し者が、実際に魔女の儀式を行っていたと論じる学者もいる

神学者はこうした概念の影響について研究し、事態は破滅的な展開を迎える。降霊術師が単独で活動していたのに対し、組織的な秘密崇拝と結びついた魔女集会は反社会的性格を有していた。さらにたちの悪いことに、秘密崇拝者は信者のなかにまぎれていた。敵は身内にいた。魔女裁判の爆発的増加は、こうした事態への反応だった。

1420年以前、ヨーロッパの魔女裁判数は100件以下だったが、その後10年で増加の一途をたどり、200人が処刑された。かつて悪魔の策略が引き起こした幻想の魔術は、サタンとの積極的な共謀、最悪の異端に分類された。妖術と悪魔と異端のつながりは、教育を受けたヨーロッパエリート層に受け入れられて成立し、人間の姿をした悪魔が放たれる環境が整った。

とはいえ、多大な影響力を持った破滅的な発明である印刷技術がなければ、こうした概念はヨーロッパの教会および世俗エリート層の外に出ることはなかっただろう。印刷技術は人類史上最も有益な発明のひとつだと考えられているが、少なくともある分野では災いをもたらした。本やパンフレットが広範に普及するにつれ、悪魔と手を結んだ邪悪な魔女という概念が、ヨーロッパ社会全体に広まったのだった。

1487年、ハインリヒ・クラーマーの『魔女に与える鉄槌』が刊行された。ここにまとめられた悪魔に関する概念は、のちのヨーロッパの魔女裁判、とりわけ魔女識別のガイドラインとなった。かつてエバはエデンの園でアダムに誘惑のリンゴを勧めた。クラーマーによれば、このことからもわかる通り、女性は生来、霊的に脆弱で悪に溺れやすく、悪魔の甘言に弱い。このような主張や、ほうきに乗った老婆の木版画、シェイクスピアの『マクベス』やマーロウの『フォースタス博士』などの文学で頂点を迎えた文化における魔女や妖術の通俗化、

魔女についての近世の概念を形成した様々な思考の集合が組みあわさって、ほぼ完璧な環境が整った。あと必要なのは最後の要素、すなわち教育を受けた層に、魔術は実在すると確信させることだった。その確信をもたらしたのが、ルネサンスの人文主義者たちだ。古代知識の再発見のなかでもとりわけ重要なのが、古代エジプトの深遠な英知、ピタゴラス教団およびカバラ主義の考察だった。マルシリオ・フィチーノやエラスムスをはじめとする人文主義者たちは、これを高度な魔術と見なしたが、その実在を認めることは、必然的にその反対の黒魔術も認めることになる。

教育を受けたエリート層が数秘術や占星術に夢中になった時代、類似の悪魔的なグループが集まって世界を破滅させようとしているとの想像は、さほど突飛ではなかった。魔女迫害時代の幕が開こうとしていた。

> たいてい妖術の告発者は近所の人で、村内の緊張がパニックを引き起こしていたなど考えられる

「さらにたちの悪いことに、秘密崇拝者は信者のなかにまぎれていた。敵は身内にいた」

『マクベス』の3人の魔女は、妖術が近世にどのように発展し、変化を遂げたかを表している。

13世紀の異端教派ヴァルド派の行動の一部は、のちに妖術が実在するという確信の根拠となった。

Gunnhild,
Mother
of Kings

王たちの母
グンヒルド

妖術、魔力、策謀がちりばめられたグンヒルドの伝説は、
現実と幻想が混然となる境界を示している。

3つの国を治めた悪名高きバイキングの王妃グンヒルドは、女王、魔女、母など様々な呼ばれ方をされるが、王家に災いをもたらした人物と考えられている。現在、彼女について知られている事柄は、あちこちの物語や敵対者の誹謗を寄せ集めてつくりあげたものだろう。彼女は様々なキャラクターが混ざった架空の人物で、後世の作家たちが手を加えて、政治的物語に登場させたとの説もある。

彼女の出自は謎に包まれているが、10世紀のノルウェーおよびノーサンブリアを治めた血斧王ことエイリーク1世の妻で、烈女だったことはわかっている。デンマークのゴーム老王の娘と考えられ、父の開いた宴でエイリークに紹介された。そう聞けば、結婚の目的はノルウェーのユングリング家とデンマーク王家の同盟だったと想像できるが、アイスランドのサガ〔中世北欧に伝わる散文形式の英雄伝説〕に記された話はもっと怪しげだ。それによれば、彼女はノルウェー北部ハーロガランドのオズル・トティの娘で、エイリークは美髪王と呼ばれた父ハーラル1世から軍艦5隻を与えられ、長い船旅——最終的にノルウェーのはるか北東部フィンマルクへと

たどり着く——の途中で彼女に会った。

一行は、ふたりのフィン人に捕らえられていた美女、グンヒルドを見つけた。ふたりはフィンマルクで右に出る者のない魔法使いで、彼女に魔法を伝授していたが、ふたりとも彼女との結婚を望んでいた。彼らは犬のように鼻が利くので誰も逃げられず、怒らせると大地がひっくり返ってすべての生き物は墜落死させられてしまう。グンヒルドは一行に、今まで小屋にやってきた男たちは片端からふたりの魔法使いに殺されてしまったので、あなた方も身を伏せて、隠れて待っていてほしいと頼んだ。フィン人の魔法使いたちが戻ってくると、グンヒルドは彼らを安心させようと、不在中には誰も来なかったと告げたが、夜になってもふたりとも互いに嫉妬心を燃やして起きていた。グンヒルドはふたりをベッドに呼び寄せ、ぐっすりと眠るまで待った。そして素早く彼らを縛り、頭に袋をかぶせた。隠れていた男たちは、合図と共に飛びあがってあっという間に魔法使いを殺し、翌日、船に戻った。グンヒルドは父に結婚の許しを乞うため、エイリークと共にハーロガランドを目指した。父は結婚を許可し、全員で南へと旅立った。

「グンヒルドは腹黒く手に負えない女性から、冷酷で危険な政治的存在に変わる」

現代の私たちなら、ふたりの男に拘束されていたグンヒルドに共感を抱くかもしれない。だが当時、これらの話は民族の歴史として書かれたものであり、反応はまったく違っていた。読者は、グンヒルドは魔女であり、殺人者であり、王の妻にはふさわしくないと考えた。人々の心には不信の種がまかれ、のちの専制的かつ残酷なエイリークの治世の原因はグンヒルドにあるとする考えが芽吹いた。物語が進むにつれ、彼女の評価はさらにひどくなり、伝説の英雄エギル・スカラグリームスソンの仇敵として描かれるように。エギルは『エギルのサガ（Egil's Saga）』の主人公であり、最古の写本は12世紀にさかのぼる。

エギルとグンヒルドの因縁は根深く、死と裏切りに満ちた頭脳戦を幾度も繰り広げる。事は守護霊にささげられた宴からはじまった。エギルは宴を主催したグンヒルドとエイリークを侮辱し、もてなしを踏みにじった。グンヒルドは仕返しにエギルを亡き者にしようと毒を盛るが、魔術に長けていることで知られるエギルは察知し、ルーン文字を角杯に刻みつけて自らの血を入れて呪いをかけ、監視人を殺して逃亡した。エギルは何度もグンヒルドの復讐をやりすごし、侮辱されかわされてばかりの彼女の怒りは募る一方だった。

物語の中盤、グンヒルドは腹黒く手に負えない女性から、冷酷で危険な政治的存在に変わる。80歳になった美髪王ハーラル1世は王国の統治をエイリークに譲って全領土の単独支配権を与え、グンヒルドの息子ハーラルを後継ぎに指名した〔のちの灰衣王ハーラル2世〕。エイリークの弟たちはこの決定に憤り、熾烈な戦いが起こって双方に多くの犠牲者が出た。不名誉なことにエイリークは4人を殺め、多くのヤール〔北欧の高位の貴族〕は、あくことなく権力を求めるグンヒルドがエイリークを操っていると非難した。王妃が魔女を雇って宴で黒髪のハルヴダンを毒殺しようとしたという噂が広まり、不信感にかられた人々はエイリークの弟のひとり、シグルを後継者に選んだ。権力を失う一方のエイリークとグンヒルドは、何としても手を打たねばならなかった。ハーラル1世の死後、兄弟間の争いが起こり、エイリークは大軍を組織してトンスベルグで勝利を収め、弟のオーラヴとシグルを殺して、支配権を確保した。だが勝利に酔うエイリークを悲劇が襲う。息子レーグンヴァルドが戦闘でエギルに殺されたのだ。

とどめを刺すかのように、エギルはグンヒルドたちを呪詛した。英雄伝説のサガには、その陰惨な呪いが詳細に記録されている。

魔法使いエギルは岬の先端に立ち、広大な海を見下ろした。そしてハシバミの木でつくった杖を持ち、矢にルーン文字を刻んだ。これは最悪の状況でしか使われない方法だ。彼は地に柱を立て、斬首された馬の頭部を先端に刺し、波に向けた。そしてグンヒルドとエイリークがいる方向に向き、空に向かって呪いの言葉を叫び、自分を陥れようとしたグンヒルドへの罰として、土地の守護霊にふたりをノルウェーから連れ去るよう祈った。伝説によれば、呪いをかけられたエイリークとグンヒルドは転落の渦に巻き込まれ、エイリークの死へと至ることになる。

ハーラル1世の死から1年後、彼の息子のホーコン（のちの善良王ホーコン1世）は、兄エイリークのノルウェーでの暴政ぶりを耳にし、彼を倒すためにイングランドから出航したが、船は荒れ狂う海に翻弄された。ホーコンが海で消息を絶ったとの報せがノルウェーに届いても、グンヒルドは眉ひとつ動かさず、エイリークにホーコンは生きていると断言した。人々は不審に思い、妖術を使っているとグンヒルドを非難した。妖術以外、ホーコンが生きていることを知りえないからだ。グンヒルドの言葉通り、ホーコンは生きていた。夏、ノルウェーのヤールはホーコンを王位に就けるために立ちあがった。グンヒルドとエイリークはなすすべもなく、子どもたちをつれてオークニーへと逃れ、王として迎えられた。

バイキングの魔女ヴォルヴァの墓で見つかったボックス型ブローチ。980年頃。

老婆の姿で描かれたグンヒルドの想像画。

サガのなかの権力とセックス

愛する恋人を呪ったグンヒルド

グンヒルドは様々な場面で自分の性的魅力を武器にした。エイリークが他界すると、彼女は堂々と若い男を愛人にし、とりわけ西方から船でノルウェーに渡ってきた若きアイスランド人のフルートを寵愛した。遺産を横取りしたソーティなる男を追うフルートに、グンヒルドは公然と助けの手を差し伸べ、友のオツルと共に自分のもとで冬を過ごすよう誘った。グンヒルドのような強力なバイキング王妃の後ろ盾を得て、彼の人生は一変した。

サガには男たちの荒っぽい抱擁にしり込みする女性たちが登場するが、型破りなグンヒルドは愛人関係を隠そうともせず、人目もはばからずフルートに口づけし、抱擁した。2週間もの間、ふたりで過ごし、夜な夜な寝室に閉じこもったこともある。堂々と情事にふけったグンヒルドだが、ニャールのサガには、このことを話したら命を奪ってやると衛兵たちを脅す場面がある。同時代の人にとって何よりもスキャンダラスだったのは、ふたりの年の差だった。グンヒルドはフルートよりもひとまわりも年上だったが、ふたりとも気にもかけなかった。フルートはグンヒルドから与えられた2隻の船でデンマークへ渡り、ソーティを追った。そのあと帰還を果たした彼は、すっかり口数が少なくなっていた。彼女はかの地で愛人ができたのかと問い詰めたが、彼は否定するばかりだった。しかし間もなく、アイスランドに戻らねばならないと、ハーラル2世に出発の許しを願い出た。出発前、グンヒルドは彼に美しい金の腕輪を贈り、自ら腕輪を彼の腕につけて別れの言葉──呪文──をささやいた。フルートがアイスランドで秘かに結婚しても、決して性的喜びを感じないように、と。

意中の女性ウンと結婚したフルートは、自分は性的不能どころか、精力過多であることに気づいた。サガではケニング〔ひとつの名詞の代わりに、比喩的に複数の言葉を組みあわせること〕という用法が多用され、フルートは「槍を研ぐ者」「弓を引く者」と呼ばれることが多いが、彼の名自体が去勢されていない雄羊を意味するのは皮肉というほかない。結局ウンは父に、「彼のおもりには呪いがかかっている」と打ち明け、多くの父の例にもれずウンの父は娘に助言を与えた。いわく、仮病を装ってフルートを遠ざけておいてから、証人たちをベッドに呼び寄せて合法的に離婚せよ〔バイキングの離婚成立の慣習〕。フルートが帰還すると、妻はすでに去っていた。グンヒルドの呪いは成就し、復讐は果たされた。彼女は愛する恋人を呪ったのだった。

ノルウェー王ホーコン1世はストルドでデーン人を破ったが、矢に射られて落命した。

10世紀にグンヒルドの兄、青歯王ハーラル1世によりデンマークに建てられたイェリング墳墓群。ルーン文字で、彼らの父ゴーム老王と母テューラをたたえる句や、王国がキリスト教に帰依したことが刻まれている。

フィン人の魔法
グンヒルドが操った北方の黒魔術

グンヒルドが酷寒の北方で、フィン人の魔法使いから魔術の手ほどきを受けたことはよく知られている。当時、ノルウェーの物書きたちはフィン人とサーミ人をひとまとめにして、不吉な北方に住む未開でよこしまな魔法使いと考えており、様々なサガにも彼らに対する偏見があちこちに綴られている。かつて彼らの土地は神聖と考えられていたが、キリスト教が広まるにつれ、けがれた土地と見なされるようになる。こうした視点は、後世の植民地の独立以降に見られる伝聞や噂にもとづく偏見にも通じる。北方は謎に満ちた邪悪な地となり、英雄たちは自我を乗り越えるために北方へ向かい、ハーロガランドのような地域はグンヒルドをはじめとするサガの極悪人を生んだ地とされた。当時の北欧では、出身地で人のタイプが決まっていた。伝説でグンヒルドが北方出身であること、フィン人の魔法に通じていたことは人格攻撃の材料であり、のちの悪政の土台ともなっている。フィン人の魔法も当時の物語におなじみのテーマだ。彼らを読み解くキーワードをいくつか挙げてみよう。

グンヒルドに言われるがままに、フィン人の魔法使いを斬り殺すエイリーク。

偵察
オーラヴ・トリュッグヴァソン王のサガにおいて、青歯王ハーラル1世は魔法使いに偵察を命じる。魔法使いはクジラに変身し、目的地が4人のランドヴェーティル（自然の精霊）、ドラゴン、ワシ、雄牛、巨人に守られていることを突きとめる。

航海
中世デンマークの歴史家サクソ・グラマティクスによれば、フィン人は航海術に長けており、曲がりくねって氷で覆われた航路を渡ることもできた。航海しながら小石や雪を降らせ、それらは大きな山と荒れ狂う川となり、退却を助けた。

変身
ハールヴダン・エイステインのサガに出てくる魔法使いは、動物に変身でき、セイウチに身を変えて15人の男を殺した。

追跡
13世紀アイスランドの湖谷のサガ〔ヴァトンダール谷の人々のサガ〕において、少年インギムンドは魔女から、そなたはいつかアイスランドを旅し、失われた護符を見つけるであろうと予言されたとある。インギムンドは魔女の言葉を確かめようと、北方から来た3人の男を頼る。彼は男たちに、自分の代わりにアイスランドに行って護符を見つけ、かの地の様子を知らせてくれたら、ブリキの容器に入ったバターをあげようと言った。男たちは魔法使いたちで、インギムンドに自分たちを小屋に隠して決して名を明かしてはならないと言い渡した。三晩ののち、魔法使いたちは答えを見つけ、インギムンドに護符を見つけるまでの経緯、そして3つのフィヨルドが出会う場所を伝えたが、護符をつかもうとするたびに逃げられてしまうと話した。魔法使いが何らかの事実を調べるために、スピリチュアルな旅をするのは、フィン人の魔法の物語によく見られるパターンだ。

グンヒルドとエイリークが乗ったものと同じタイプのバイキングの帆船。

「エイリークはエギルを翌朝処刑すべしと宣言した」

王についての句が刻まれた当時の硬貨は、ヨーロッパ各地で見つかっている。

この先の展開は曖昧だ。エイリークとグンヒルドは、バイキング支配圏外のイングランドを治めるアゼルスタンからノーサンブリアの王位を譲られたという説があるが、アゼルスタンが養子であるホーコンを王位に就けるために故郷に送り返したことを考えると、この説の信憑性は低い。ヨーク大司教ウルフスタンが彼らを呼び寄せたとも、イングランド沿岸にたどり着いたものの、エイリークがグンヒルドを残して死んだとも言われている。アイスランドのサガによれば、ふたりは北東沿岸を攻撃し、行く先々を徹底的に破壊して952年にヨークに定住し、一家で洗礼を受けたという。

だが、旅もグンヒルドの憤怒を和らげることはできず、エギルへの恨みは消えなかった。彼女は、自分に会うまでは彼がアイスランドで安泰に暮らせないように呪いをかけた。1年後、エギルはアゼルスタンに会いにイングランドへ出発し、グンヒルドの魔の手にからめとられることになる。船が難破し、嵐はエギルをグンヒルドのいるノーサンブリアの海岸へと押しやった。逃げられないと悟ったエギルは、エイリークとグンヒルドのもとへ向かい、和解を願い出た。それでもグンヒルドの怒りは収まらず、エイリークは

エギルを翌朝処刑すべしと宣言した。エギルは最後まであきらめず、何とかグンヒルドの心を動かそうと、夜明けまでエイリークをたたえる優れた詩を綴り、目論見は成功した。

グンヒルドとエイリークは954年頃までノーサンブリアで暮らしたが、イングランドの政変が波及し、エイリークはノーサンブリアを去ることにした。しかし、動乱は国中を巻き込み、エイリークはスタインモアの戦いでイングランド軍に捕まり、彼の死をもってイングランド北部におけるバイキング統治に終止符が打たれた。

訃報が届くと、グンヒルドの人生は一変する。イングランド人はエイリークの残虐な仕打ちはグンヒルドのせいだと非難した。グンヒルドは機転を利かせ、全財産をまとめ、部下と船という船をかき集め、みなで再びオークニーへ逃げた。頭蓋骨を打ち砕く者と呼ばれたオークニー伯トルフィン・トルフ＝エイナルソンは一行を迎え、グンヒルドと息子たちは一時勢力を得た。一方、グンヒルドの兄でデンマークを治めていた青歯王ことハーラル1世は、ホーコンをいまいましく思っており、グンヒルドに協力を求めた。ようやくノルウェーへの帰国の道が見えてきた彼女は、オークニーでの同盟を確保するため、娘のラグンヒルドをトルフィンと結婚させ、ハーラル1世のもとに身を寄せて土地を得た。

グンヒルドはデンマークに長年滞在したが、息子たちは父の領地をホーコンから奪回しようと動き、大軍を結成して961年にフィッジャーの戦いで大勝した。どうやらエギルの呪いの力は衰えたようだ。ホーコンは肩に矢を射られて致命傷を負い、またしてもグンヒルドの魔力が勝利とノルウェー王国奪回をもたらしたと噂された。息子がハーラル2世として即位すると、グンヒルドも権力を手にし、国の統治に強い影響を振るった。彼女は「王たちの母」と呼ばれるようになった。

971年頃、兄のハーラル1世がノルウェーの貴族と結託してハーラル2世を暗殺すると、グンヒルドの統治もおわった。初老のグンヒルドは再び家族と娘ラグンヒルドのいるオークニーへ逃げ、一族は彼女の息のかかった者たちが他界するまで権力を握り続けた。

妻や母として、夫や息子たちに先立たれるという苦しみを味わったグンヒルドは、6年後の977年に致命的な打撃を受けた。兄のハーラル1世から妖術のかどで糾弾され、沼地での溺死刑に処されたのだ。かくして王たちの母は身内の手によって滅ぼされた。

Joan of Navarre, the Royal Witch

王族の魔女、ジョーン・オブ・ナヴァール

物事は常に見かけ通りとは限らない。妖術を使ったかどで糾弾されたイングランド王妃ジョーン・オブ・ナヴァールの生涯のように……。

イングランド王妃ジョーン・オブ・ナヴァールのことを知らなくても恥じることはない。魔術や妖術を操り、継子ヘンリー5世に毒を盛ろうと陰謀を企てたかどで告発されたが、ヘンリー8世の妻や娘たちなど、名の知れた女性王族に比べれば目立たない存在なのだから。彼女の人生は、愛、死、駆け引き、そして不正義の連続だ。妖術のかどで投獄されたイングランド王妃の足跡をたどってみよう。ジョーンは1368年頃に邪悪王ことナバラ王カルロス2世とジャンヌ・ド・ヴァロワの娘として生まれた。幼少時代のことはほとんどわかっていないが、ナバラ王国のサンタ・クララ修道院の記録には、彼女の養育費として毎日1フローリンが支払われていたとある。王女であるからには当然、婚姻政策の駒として扱われ、すでに12歳で許婚（いいなずけ）がいた。しかし婚約は破棄となり、1386年に公領から莫大な持参金をつけられてブルターニュ公ジャン4世と結婚した。ふたりの結婚は成功で、夫婦は幸せだったよう

だ。9人の子どもに恵まれて7人が成人し、ジョーンは義務を果たした。2度の結婚で世継ぎを授からなかったブルターニュ公は、ほっと胸をなでおろしたことだろう。ほぼ10年間絶え間なく身重だった彼女は、ブルターニュの政治に介入する余裕もなかったが、1399年に夫が他界すると事態は一変する。当時10歳だった息子ジャン5世の摂政となり、優れた手腕を発揮して、夫の生前から続いていた内紛を解決したのだった。

この時期、ジョーンの人生は転機を迎える。夫の死から3年後、イングランド王ヘンリー4世との再婚に向けて、自ら秘かに交渉を開始したのだ。当時の寡婦として、これは前代未聞の行動だ。ジャンがまだ生きていた頃、ジョーンと即位前のヘンリー4世はすでに会ったことがある。ふたりの間には愛情が芽生え、のちの再婚へとつながったようだ。当然、再婚に世間は仰天し、疑問を投げかけた。再婚はしたものの、ジョーンはたいした利益をもたらしたわけではなく、新たな王妃としての立場

ジョーンと兄弟たちは、短期間、父カルロス2世の担保としてパリで人質になった

有名な 19 世紀のアグネス・ストリックランドによる伝記『イングランド王妃たちの生涯 (Lives of the Queens of England)』に掲載されたジョーン・オブ・ナヴァールの肖像。

43

にふさわしいだけの富もコネもなかった。

一方、再婚は彼女に多くの特典をもたらした。彼女の寡婦年金は年1万マルクと、当時のイングランド王妃としては破格の額で、多数の奉公人を抱え、ブルターニュ出身の者たちでまわりをかためた。そのため議会と対立し、議会は解散した。公妃からイングランド王妃へとステップアップした上、ヘンリー4世には4人の嫡出男子がいたので、世継ぎをつくるプレッシャーもない。ジョーンはふたりの娘を連れてイングランドに渡り、ブルターニュの統治には伯父のブルゴーニュ公を摂政に立てた。同時代の記録には、彼女は魅力的で優しく、新しい家族と安定して友好な関係を築いたとある。こうした状況を考えれば、1413年に夫に先立たれたジョーンがイングランドに残ろうと決めたのも意外ではない。議会は公然と何度も支払いを怠ったものの、彼女は莫大な寡婦年金を受け取り続け、美しいドレスや宝石で身を飾り、高価なスパイス、食事、ワインを楽しみ、第二の故郷での生活を満喫した。フランスと

イングランドが1415年にアジャンクールで戦っても、新王ヘンリー5世と良好な関係を保った。アジャンクールの戦いでヘンリー5世は圧勝し、ジョーンの実子は重傷を負い、婿も戦死した。それでも寡婦の王妃は、義理の息子に不平を言わず、以前と変わらぬ生活が続いた。だが突然、すべては変わる。1419年、ジョーンの聴罪司祭ジョン・ランドルフと彼女のふたりの奉公人が黒魔術、妖術、王の毒殺計画でジョーンを告発したのだ。ジョーンは反逆罪で逮捕され、財産は没収。3年の間あちこちの牢を転々とし、最終的にペヴェンシー城そしてリーズ城に幽閉された。ランドルフも王妃を妖術に引き込んだ罪を問われ、ロンドン塔に幽閉されたが、気の触れた男との格闘に巻き込まれて1429年に獄死した。

妖術の噂ひとつで人生が逆転し、恐怖に陥れられることもある。そう考えると、ジョーン

が妖術の罪で告発されたにもかかわらず、幽閉先で比較的快適な生活を送っていたことは奇妙に感じられる。彼女は一般に考えられているように、社会から抹殺されたわけではない。ウィンチェスター司教〔当時〕ヘンリー・ボーフォート、カモイス卿など有力者を迎えていたことからも、それは明らかだ。継子でヘンリー5世の弟であるグロスター公ハンフリーも、彼女のもとに足を運んだ。幽閉中の奉公人団の会計簿からすると、規模こそ縮小したものの、相変わらず贅沢な暮らしを送り、奉公人の給金も厩舎の維持費も支払われていた（つまり乗馬も許されていた）。つまりジョーンは、身柄を拘束されていたというよりも、単に国王に監禁されていたという方が正しい。こうしたことを考えると、彼女は本当に妖術の罪に問われたのだろうかとの疑問が湧いてくる。

そのほぼ20年後、グロスター公ハンフリーの妻エレノア・コブハムも、妖術と降霊術を用いてヘンリー6世に陰謀を企てたかどで糾弾されたが、ジョーンの待遇とは雲泥の差だった。エレノアも告訴されて有罪判決を受けたが、

> 教皇に4親等以内の者どうしの結婚の特別許可が申請された

「ジョーンが妖術の罪で告発されたにもかかわらず、幽閉先で比較的快適な生活を送っていたことは奇妙に感じられる」

転機
1399年11月1日のブルターニュ公の死
最初の夫ジャン4世が他界し、彼女は公国の摂政となった。王は遺言で、ジョーンに生涯寡婦年金を払い続けることを定めたが、イングランドの寡婦年金と同様、彼女は年金の受け取りに苦労し、特にイングランドに移ったあとはさらに困難になった。

最初の夫ブルターニュ公ジャン4世の墓の前にたたずむジョーンと、息子アルテュール。

ジョーンは自らヘンリー4世との再婚交渉にあたった。

転機
1403年2月7日の成婚
4親等以内の結婚の特別許可を教皇から得たジョーンとイングランド王ヘンリー4世は、前年に代理結婚式を挙げたのち、ウィンチェスター大聖堂で結婚した。ほぼ3週間後の26日、ジョーンは正式にイングランド王妃として戴冠した。最初の結婚同様、2番目の夫との結婚生活も愛情に満ちて幸せだったようだ。

ハンフリーと離婚させられた上、無期懲役に処せられ、ロンドン各所で屈辱的な贖罪の苦行を公衆の前で強いられた。一方、ジョーンは、裁判はともかく、こうした罰を受けることは決してなかった。このことからも、ジョーンへの糾弾が欺瞞だったことがわかる。現代の私たちからすれば、妖術という概念は滑稽にも思えるが、ジョーンの生きた時代もそのあとも、現実の脅威として恐れられていた。本当にヘンリー5世が一瞬でも継母が妖術を使って自分に危害を加えようとしたなどと信じたのなら、即座に罰していただろう。実際には、ランドルフの証言以外に彼女への訴えを裏づける証拠はなく、明らかに茶番だった。

とすると、別の疑問が湧いてくる。そもそも妖術の告発を裏づける実質的な証言がないのなら、なぜジョーンは訴えられたのだろうか。ヘンリー5世は海外遠征で勝利を収めてはいたが、莫大な戦費が費やされており、さらなる戦費調達は絶望的だった。だが継母にはありあまるほどの財産がある。それも父から付与された寡婦年金と土地のおかげだ。告訴されたジョーンの資産は没収されて王室に差し戻され、そのまま王室の財源に組み込まれた。ヘンリー5世は継母の財産を強奪するための完璧かつ合法な方法を見つけ、ジョーンはなすすべもなく、抗議もしなかった。もしかすると、彼女はヘンリー5世の意図を知っていたのかもしれない。彼が継母を裁判にかけることなどできるわけがなかった。無罪が確定したら、財産を返還せねばならないからだ。

こうした状況が特別だったわけではない。というのも当時、妖術の告発は珍しいことではなく、女性の権力と財産を奪うのに、女性を魔女だと訴えることは格好の悪意ある手段だったからだ。ジョーンにとって幸運なことに、ヘンリー5世は死の床で罪悪感に見舞われたようで、1422年に他界する直前、ジョーンの釈放を命じ、寡婦年金と財産の返還を宣言した。だが時すでに遅し。ジョーンは自分の正当な所有物を取り戻すのに長い年月を費やしたが、幽閉中、一部は第三者の手に渡っていた。だが、裁判にかけられて有罪宣告を受けていたらと考えると、幸運だった方だろう。

ジョーンは妖術と反逆罪に問われ、継子であるイングランド王ヘンリー5世により3年間幽閉された。

ジョーンは1399年から1403年まで、未成年の息子ブルターニュ公ジャン5世の摂政を務めた

ジョーンとヘンリー4世の像。生前ジョーン自らがつくらせたもので、現存する唯一の図像。

ジョーンは王族と良好な関係を築いたが、多くのイングランド人からは不信のまなざしを向けられた。

ジョーンの評判
当時の人々は彼女をどう思っていたのだろう？

現代の歴史家は、ジョーンにかけられた反逆罪と妖術の容疑は完全な虚偽であり、彼女の財産を差し押さえるために国王が画策したという点で一致している。だが当時の人々は必ずしも同意見ではなく、ジョーンがいわゆる魔術、妖術、降霊術を使っていると非難する声も多くあがっていた。

ジョーンは感じのよい人物だったが、妖術で訴えられても仕方がないと考えた人が少なくなかったことは注目に値する。イングランド王と結婚しておきながら何ももたらさなかった外国人であり、疑いの目を向けられ、結婚は当初、歓迎されなかった。いうまでもなく、歴史上、多くの外国出身の王妃が同様の経験をしてきたが、ジョーンの場合は、家系も懸念材料のひとつだった。父である邪悪王カルロス2世も在位中、妖術の疑いをかけられた過去があり、蛙の子は蛙と考えられても無理はなかった。

とはいえ、同じく妖術の罪に問われたマーガレット・オブ・アンジューやエリザベス・ウッドヴィルのような、のちの王妃たちと比較すれば、ジョーンはそう評判を落としたわけではない。後世の研究者たちのおかげで名誉を回復したのだからなおさらだ。

現在、ラングレー城には発掘物以外、何も残されていない。

転機
1431年の火事

義理の孫ヘンリー6世の統治期、ジョーンはランカスター朝の主要王族だったが、王権とはほど遠い位置にいた。利用されることを警戒していたジョーンは、ラングレー城に半ばこもりきりだった。そうしたなか、奉公人の不注意から起きた火事は、人生後半の最悪の出来事だった。

Betrayal of the Knights Templar

テンプル騎士団の背信

わずか7年のうちに、テンプル騎士団は追及され、
解散させられ、メンバーは処刑された。
彼らは神への冒涜の代償を払わされたのだろうか。

ジャック・ド・モレーは平静だった。7年間も続いた告訴、裁判、拷問、否認、自白にもかかわらず、心穏やかだった。あごひげを生やして衰弱しきったまま、パリ中央を流れるセーヌ川に浮かぶイル・オ・ジュイフ島に連行されたが、嘆きもせず、身震いひとつしなかった。島には火刑台が設置され、男を焼きつくして命を奪う準備が整い、その死を一目見ようと群衆が集まっていた。モレーはぼろ服を脱がされてみすぼらしいシャツ姿になり、やせ細った青白い体を火刑柱に縛りつけられた。寡黙な男はようやく口を開き、ノートル=ダム大聖堂に向きあわせてほしい、祈りながら死にたいので手を自由にしてほしいと頼んだ。望みは聞き入れられ、火刑台に火が放たれる間、モレーは頭を垂れて静かに祈った。炎はあっという間に勢いを増し、彼の体に巻きついた。するとモレーは再び口を開き、叫んだ。

「神は誰がまちがっていて、誰が罪を犯したかをご存じだ！　我々を不当に死刑に処した者たちは、間もなく不幸に見舞われるだろう。神は我々の死の仇を打たれるだろう。我々を苦しめた者はみな、まちがいなく我々のために苦しみを味わうであろう」。炎は次第に高くなっていく。「教皇クレメンス、国王フィリップよ、わが声を聞くが

よい。1年のうちに、そなたらは自らの罪を神の前であがなうであろう」。最期の言葉を吐いたモレーはもはや一言も発さず、炎に包まれた。

その年のうちに、教皇クレメンス5世とフランス王フィリップ4世が死んだ。長い間病を患っていた教皇は1314年4月20日に、フィリップ4世は1314年11月29日に狩りの最中の事故が原因で、46歳で命を落とした。モレーが率いたテンプル騎士団は消滅したが、騎士団最後の総長の呪いは恐れと共に語り継がれた。ただし、この有名な最期の言葉は、おそらく史実ではないだろう。様々な顔を持つ騎士団は、神話と伝説により歪曲されて語り継がれた。モレーが死に際に裏切り者を呪ったのかは定かでない。謎に包まれ、唐突かつドラマティックに滅亡した騎士団には、噂や陰謀がつきまとい、その真摯な起源と14世紀ヨーロッパを震撼させた崩壊の経緯を見えにくくしている。

第一次十字軍がイェルサレムを奪取すると、ヨーロッパから多くの巡礼者が聖地へ向かった。しかし巡礼路は危険だったため、騎士たちは強盗から街道を守ることにした。こうして1119年のクリスマス、イエスが十字架にかけられた場所に騎士たちの団体が結成された。本部は神殿の丘にあったため、「テンプル（神殿）騎士団」と呼ば

主要人物

騎士団を破滅に追いやった者と守ろうとした者

ジャック・ド・モレー
**1243・
1314年3月18日**

第23代テンプル騎士団
総長。若い頃のことについてはほとんどわかっていない。世に最も知られた騎士団の総長に就任したのち、内部改革を試みるも果たせなかった。

フランス王フィリップ4世
**1268・
1314年11月29日**

鉄王とも呼ばれ、フランスを封建制度から中央集権国家へと導いた。絶対王政に強い信念を抱き、各国の王位を身内でかためる野望を抱いていた。テンプル騎士団を壊滅に追い込み、フランスからユダヤ人を追放した。

教皇クレメンス5世
1264・1314年

本名レイモン・ベルトラン・ド・ゴー。1305年6月5日に教皇として戴冠。フィリップ4世の傀儡という意見もあれば、果敢に抵抗したという説もあり、フランス王に忠実だったかどうかには疑問が残る。いずれにせよ、テンプル騎士団を解散させた教皇として記憶されている。

ギヨーム・ド・ノガレ
1260・1313年

フィリップ4世の法律顧問。フィリップ4世と教皇ボニファティウス8世との政争でも重要な役割を担い、教皇を包囲するよう国王を説得した。テンプル騎士団の解体を指揮した中心人物のひとりであり、騎士団に不利な自白をメンバーから無理やり引き出した。

ジョフレー・ド・シャルネイ
不明・1314年

テンプル騎士団ノルマンディー管区長。若い頃に入会した生え抜きのメンバー。多くのメンバーと同じく逮捕され、拷問にかけられて自白したが、のちに撤回する。逮捕された3人の幹部のうち、総長を支持し、告発を否認した唯一の人物。

テンプル騎士団の序列

テンプル騎士団は騎士団であると同時に整然たる組織体であり、活動を円滑に進めるべく、メンバーはそれぞれ役割を担っていた。

総長
テンプル騎士団の最高権威。教皇のみに説明責任を負っていた。終身職で、死ぬまで総長を務めた。歴代の総長の多くは戦いに従事し、戦死するケースも少なくなかったため、決して安全な役職ではなかった。

セネシャル
副司令官とも呼ばれる総長の右腕兼助言役的な存在。多岐にわたる運営任務の責任者で、平時は騎士団の所有地を管理し、有事には挙兵や兵站を組織した。

マレシャル
戦時にあらゆることを管理し、武器や馬の手配から他の騎士修道会との雑多な問題まで担当。総長と共同で戦略を練っていた。

支部長
騎士団にはイェルサレム、アンティオキア、トリポリの3地域の支部長がいた。イェルサレム支部長は会計責任者でもあり、その他の支部長は都市ごとに独自の責務を担っていた。各地のテンプル騎士団の居館、農場、城の責任者でもある。

騎士、居館、農場の司令官
支部長下で多くの土地を管理し、日常業務の円滑な遂行の責任を担っていた。

騎士と従士
騎士団の主要構成員。騎士は貴族出身で、有名な白マントを着用していた。従士も戦いに従事したが、貴族出身ではなく、騎士よりも低い階級で、白ではなく黒または茶色のマントを着用していた。

数百人もの騎士団メンバーが、フィリップ4世の命令により火刑に処された。

れるようになった。

騎士団は清貧をモットーとし、生活を寄進に頼っていたが、急速に中世で最も有力な修道会のひとつになる。教皇の認可を得た騎士団には、資金、土地、熱意あふれる貴族の若者が集まった。騎士団は西方初の制服常備軍でもあり、燃えるような赤い十字架が縫い取られた白マント姿の騎士たちは伝説的存在となった。

モンジザールの戦いでは、500人のメンバーが数千人の兵士からなる軍を補助して、2万6000人のサラディン軍を破り、神の戦士としての名声を高めた。彼らは強力な軍隊であると同時に、現代の銀行のような幅広い金融ネットワークを運用していた。十字軍への参加を希望する貴族はたいてい資産をテンプル騎士団の管理に託し、騎士団は信用状を発行する。この信用状を使えば、世界各地の騎士団の居館で金を引き出せた。13世紀に入る頃には、テンプル騎士団は世界で最も強力かつ裕福な組織に成長しており、行く手に劇的で過酷な運命が待ち受けていることなど知る由もなかった。彼らを破滅させたのは東方のイスラム教徒ではなく、仲間であるはずの西方のキリスト教徒だった。1291年にアッコンが陥落すると、聖地におけるキリスト教徒の領土は消失した。テンプル騎士団も発祥の地を追われ、存在意義を失った。1292年に総長に任命されたモレーにはテンプル騎士団の損失を挽回するという目標があり、支援を取りつけるため、西方中を旅した。教皇ボニファティウス8世やイングランド王エドワード1世は支援を約束したが、十字軍遠征は失敗におわり、シリア上陸を試みた120人の騎士が戦死した。1306年、テンプル騎士団はキプロス島でクーデターに加担し、アンリ2世は退位して弟が権力を握った。こうした行動が注目を集めないわけにいかない。自国に強力なテンプル騎士団を抱える多くの君主たちは、次第に

テンプル騎士団の謎

聖杯

テンプル騎士団と言えば、聖杯を思い浮かべる人も多いだろう。ヴォルフラム・フォン・エッシェンバッハの中世ロマン小説『パルツィヴァール』からダン・ブラウンの『ダ・ヴィンチ・コード』まで、歴史上テンプル騎士団は神秘の聖遺物と結びつけられて考えられてきた。フィクションでは、キリストが最後の晩餐で使った杯や深遠でドラマティックな秘密の守護者として描かれることが多い。興味深いことに、騎士団の揺籃の地、フランスのトロワはごく初期の聖杯物語が綴られた場所でもある。騎士団と聖杯とのつながりは、騎士団の最盛期にあたる12世紀から13世紀に聖杯伝説が普及したことが大きいと考えられる。騎士団は社会の一部ではあったが、現在同様、当時も謎に包まれた組織だった。神秘的な聖杯が、騎士団と結びつけられて考えられたのも無理はない。

不安を抱きはじめる。強力なテンプル騎士団が反乱貴族を援護するのを防ぐにはどうすべきかと。プロイセンのドイツ騎士団や、ロードス島に拠点を移したカトリック騎士修道会、聖ヨハネ騎士団のように、テンプル騎士団も独自の国家建設を強く唱えていた。1305年、モレーのもとにフランスの教皇クレメンス5世から、テンプル騎士団と聖ヨハネ騎士団の合併を打診する手紙が届いた。モレーは合併には大反対だった。1306年、教皇はこの件を議論するために両騎士団の総長をフランスに招聘し、「すみやかに可能な限り目立たぬよう来られたし」と言い渡した。モレーは1307年にフランスに到着したが、聖ヨハネ騎士団総長フルク・ド・ヴィラレは、遅れたのか何かただならぬものを感じたのか、やってこなかった。教皇とモレーが彼を待つ間、まったく別の案件が持ちあがった。

その2年前、騎士団から追放された元メンバーが騎士団の様々な悪行を糾弾した。世間は信じなかったが、今になってフィリップ4世はこの件を蒸し返した。たわごとにうんざりしたモレーは、クレメンス5世にこの件を調査して厄介な状況を解決していただきたいと願い出た。8月24日、クレメンスはフィリップ4世に宛てて、自分は告発を信じていないが、「おおいなる悲しみ、懸念、動揺」を感じており、調査を開始するつもりなので、そちらではこれ以上何もしないようにと書き送った。だがフィリップ4世は聞く耳を持たず、10月13日金曜日の夜明け、王国軍がフランス各地の騎士団居館に踏み込んだ。フィリップ4世が極端な行動に出るのはこれがはじめてではなく、以前から無鉄砲で荒っぽい王だと言われていた。教皇ボニファティウス8世と衝突し、反教皇運動を展開したこともある。フィリップ4世は王権の集中化の必要を感じており、確執が悪化する一方の1303年、教皇ボニファティウス8世の身柄を確保してフランスへ連行し、異端で告発しようとした。ボニファティウスは衝撃のあまり落命し、後

モレーは、告発内容を認めよと、メンバーに呼びかける手紙に署名させられた。

数字で見る
テンプル騎士団

20,000
ピーク時のメンバーの数。

54
1310年5月に火あぶりにされたメンバーの数。

15
1310年5月12日以前に騎士団を糾弾した証人の数。その後、198人に増えた。

597
1310年5月12日以前に騎士団を弁護した証人の数。その後14人に減った。

9
設立時、巡礼者保護のために集まった騎士の数。

200,000 リーブル
聖ヨハネ騎士団がフランス王に「相殺金」として支払った額。

テンプル騎士団の謎

トリノの聖骸布

テンプル騎士団が秘かにトリノの聖骸布を隠して崇めたという噂には、聖杯伝説よりも信憑性がある。イエス・キリストの顔が映された この布をはじめて公開したのはジョフレ・ド・シャルネイの一族で、彼がモレーと共に火あぶりにされたことから、聖骸布とテンプル騎士団のつながりはすぐに噂の的となった。告発されたメンバーのひとり、アルノー・サバティエも、入会式で「男の顔が描かれた長い亜麻布」を見せられ、その端に3度口づけして崇めるよう指示されたと証言した。そのため、騎士団が崇拝していると糾弾された偶像は、実のところトリノの聖骸布なのではないかとの指摘もある。放射性炭素年代測定の結果、聖骸布は1260年から1390年の間のものとされた。年代的には合致しており、これはキリストではなくモレーの顔だと主張する者もいる。

モレーがイェルサレムで再び身柄を拘束されたと噂された当時に描かれた絵。

継者ベネディクトゥス11世もわずか9か月で他界した。こうしてフィリップ4世は自分に都合のよいクレメンスを教皇に就かせるのに成功する。王は国内の裕福なイタリアの銀行家たちを逮捕させて資産を強奪し、さらにユダヤ人にも目をつけ、王国から追放した。こうした行動の動機は明らかだ。フィリップ4世が継承したフランス王国は、財政危機で崖っぷちに立っていた。同時に、王権を教皇の権威よりも上だと考えていた。騎士団はフィリップ4世に巨額の貸付があった上、教会と深くつながっており、王権強化を目指すフィリップ4世にとっては格好の標的だったのだ。独自の国家建設を狙っていた騎士団の運命は決まったも同然だった。フィリップ4世が上昇するためには、騎士団は没せねばならない。

フランスのテンプル騎士団メンバーの検挙理由は、異端、肛門性交（男色）、神の冒涜、キリストの否認だった。騎士団を異端として糾弾すれば、フィリップ4世は聖人と認められた祖父ルイ9世のように、キリストの戦士を自認できる。だが彼の行動は、カトリック教会への冒涜であり、クレメンスは激怒した。フィリップ4世は教皇など脅威どころか意志薄弱な老いぼれだと見くびっていたようだが、教皇はフィリップ4世に、「ローマ教会への侮辱行為」はあらゆる規範をないがしろにしていると怒りに満ちた書簡を送った。

しかし、教皇の怒りもテンプル騎士団にとってはたいした助けにはならなかった。約1万5000人のメンバーが国内各地で投獄されたが、その多くは貴族や騎士ではなく一介の農民や羊飼いだった。モレーも逮捕を免れず、総長としてフィリップ4世の義妹の葬儀で棺を担いだ翌日、唐突にほかのメンバーたちと共に拘束された。フィリップ4世は騎士団の土地や財産を差し押さえ、騎士団を潰すのに必要な自白を引き出そうとした。

方法は単純で、フィリップ4世は拷問を徹底的に活用した。彼の息のかかった異端審問官はメンバーの意志をくじくため、あらゆるおぞましい手を使って打ちのめした。体を引っ張って関節をはずす拷問台、手をロープで縛り滑車で持ちあげて中吊りにしてから墜落させる吊るし刑は常套手段だった。足の裏に獣脂を塗って火をつけたり、歯を抜いたりすることもあった。寒く暗い独房に閉じ込められ、拷問に耐えられなかった者は秘密裏に埋葬された。1308年には匿名で、独房の劣悪な環境を訴える文書が書かれた。「人間の言葉では、無実の人に加えられたこうした仕打ち、苦痛、悲惨さ、責め苦、陰惨な拷問を語りつくすなどできない。彼らは逮捕されてから3か月の間、昼も夜も独房で絶え間なく嘆き、ため息をつき、拷問を受けて泣き、歯ぎしりをしている。（中略）真実は彼らの命を奪い、虚言は死から彼らを解放する」。

予想にたがわず、裁判にかけられたメンバーの多くが罪状を自白した。主な内容は、信仰の否認、儀式中に十字架に唾棄したこと、新参者のへそや口、尻に口づけしたこと、男色の容認、偶像にひもを巻いて崇拝したこと、ミサで聖餐式を挙げなかったことだ。裁判中、

50

1129年のトロワ公会議で、テンプル騎士団は教皇ホノリウス2世により公認された。

ヨーロッパ各地の テンプル騎士団

教皇はヨーロッパ各地のキリスト教徒統治者たちにメンバーの逮捕を命じたが、国ごとに反応は異なっていた。

ブリテン諸島

もともとエドワード2世は、テンプル騎士団の有罪に懐疑的で、脅威とは見ていなかった。騎士団を擁護する書簡を教皇に書き送ったが、結局は多数のメンバーを逮捕し、裁判にかけざるをえなかった。イングランドで拷問は許可されておらず、メンバーは全員無罪を訴えたが、教皇庁から派遣された異端審問官が主導権を握ると、次々と自白が引き出された。しかし火刑ではなく、公開懺悔に処されただけだった。拒否した者は牢獄で一生をおえた。

イタリア

イタリアの状況はまちまちだったが、教皇領が直ちに教皇の指示を実行したことは言うまでもない。一方、ロンバルディアでは騎士団は幅広い支持を得ており、罪を自白したメンバーもいたが、それに劣らない数の者が虚偽だと主張した。フィレンツェでは拷問にもかかわらず、自白したのは13人のうち6人だけだった。

キプロス島

キプロス王アモーリー・ド・リュジニャンは、テンプル騎士団のおかげで王位に就いたため、彼らの逮捕には乗り気ではなかった。騎士団幹部は果敢に抵抗したものの、投獄された。裁判では多くの証人が騎士団を擁護したが、公判中に王が暗殺されて騎士団の仇敵アンリ2世が即位すると、ほぼ同時に拷問が開始され、多くが無実を訴えながら落命した。

ポルトガル

他国と比べてポルトガルでの被害は軽かった。王ディニス1世は迫害を拒否したが、騎士団解体を命じる教皇勅書には逆らえなかった。しかし騎士団は、ディニス1世の庇護のもと「キリスト騎士団」として生まれ変わり、国王はクレメンス5世の後継者と交渉して、テンプル騎士団の資産をキリスト騎士団に移させた。

イベリア半島

アラゴン王ハイメ2世は当初、迫害に乗り気ではなかったが、教皇の命令が届く前の1308年1月6日にほぼ全メンバーの逮捕を命じた。メンバーは城砦の防衛を強化し、援軍を要請したが、援軍は来なかった。メンバーは全員無実を主張。拷問は禁じられていたため自白は一切取られず、異端の罪で処刑される者はいなかった。

テンプル騎士団の罪状は膨れあがる一方で、幼児を焼き殺しとか、新参者に強制的に遺灰を食べさせたなどと糾弾された。現代からすれば突飛で無理な内容に思えるが、悪魔をめぐるパラノイアが蔓延していた当時、教会がこうした悪行にむしばまれることもありうるだろうと信じられた。

異端審問官は拷問を監督し、138人中134人のメンバーが尋問でひとつないしは複数の罪を自白した。モレーも手足と睾丸を強打され、自白した。間もなくその他の幹部も自白したが、クレメンスは、告白は教皇庁の委員会の前でなされるべきとの主張を曲げなかった。果たしてモレーと幹部たちは一変して自供を否認した。フィリップ4世の影響の及ばない安全な場に移されたモレーは供述を撤回し、拷問によって自白させられたと主張した。他のメンバーもこれに続き、騎士団をすみやかかつ徹底的に潰すというフィリップ4世の目論見に待ったがかけられた。

フィリップ4世は教皇を説得するためにポワティエを訪れて、72人の騎士団メンバーを教皇の面前で自白させた。同時に、手をまわして反テンプル騎士団のパンフレットを流布させ、騎士団堕落の噂を流し、教皇が行動しないなら、自分はカトリックの教えを守るために動かざるをえないと警告した。しつこくつきまとわれ、脅され、事実上軟禁状態に置かれた教皇は降参し、騎士団の取り調べを命じた。モレーや幹部たちは自白の撤回を取り消し、フィリップ4世の計画は再び始動した。

騎士団は法的手段を一切持たなかった。モレーは騎士団弁護を名乗り出たが、「貧しく無学な騎士」の手には負えなかった。1310年、法学に通じたふたりのメンバーが優れた抗弁を行い、騎士団は無実であることはもちろん、冷酷な陰謀の被害者だと論じた。流れが騎士団に有利になってきたと見たフィリップ4世は、思い切った手段に出た。1310年5月12日、自白を撤回した54人のメンバーを異端に逆戻りしたとして、火あぶりに処したのだ。弁護を担当していたふたりは姿を消した。

✠ 無罪か有罪か？ ✠

火刑に処されたテンプル騎士団メンバーの罪状に、一片の真実はあったのだろうか。

有罪	無罪

この告発はフィリップ4世の捏造した罪科のひとつとして知られているが、完全に否定できるものでもない。数人のメンバーが十字架への唾棄を告白しただけでなく、騎士団に潜入していたフィリップ4世のスパイも同様の証言をしている。ヴァティカン図書館で近年発見された「シノン文書」もこの告発を裏づけており、ジャク・ド・モレーも1308年の尋問で認めている。

十字架への唾棄

モレーは十字架への唾棄があったことを認めているが、それを直ちに異端と見なすのは拙速だ。モレーによれば、これはサラセン人の拷問にさらされる可能性のあるメンバーに課した試練であり、「心ではなく思考で」信仰を否認する訓練だった。フィリップ4世のスパイが目にしたのはこの訓練で、その目的を誤解したのだろう。

メンバーは「偶像のそれぞれの頭を囲み、触った。偶像には細いひもがつけられ、巻いたものを自らの下着や肌の上から巻いていた」と告発された。フィリップ4世のその他の告発とは違い、この件はテンプル騎士団にのみ向けられたもので、彼が内部情報を手にしていなかったとは考えにくい。多くの騎士が偶像崇拝を認めており、人間の頭ほどの偶像だったと証言している。事実、メンバーがカルケドンの聖エウフェミアなどの頭部を所有していたことは知られており、これを保管していたからには何らかの形で崇拝した可能性は否めない。

バフォメットと呼ばれる偶像崇拝

パリの裁判でこの頭部崇拝を認めたのはわずか9人で、ヨーロッパ各地の「偶像」証言も矛盾している。「古びた皮に覆われて、目にはふたつの吹き出物があった」「金と銀でできていた」「3、4本の足が生えていた」「頭部には角が生えていた」など、どれもばらばらだ。証言の矛盾は、拷問によって自白がしぼり出されたことの証拠にほかならない。伝えられるところでは、偶像は「バフォメット」と呼ばれていたそうだが、「マホメット」すなわちムハンマドのまちがいではないだろうか。いずれにせよ、実際にメンバーが偶像崇拝を行っていたのなら、彼らの礼拝所にこうした像のシンボルが一切ないのはおかしい。

メンバーは「入会した修道士たちに、全員で肉欲に溺れることもあるし、（中略）それが義務であり、この相互関係に従わねばならない」と言い渡していたそうだ。メンバーは禁欲の誓いを立て結婚を許されていなかったから、欲望を満たすために男色に走ったと考えられる。自白はほとんどないが、男色は禁止されていなかったとの証言は数多くある。多くの者が拷問されても男色を否認したことは、いかに肛門性交が恥ずべきものと見なされていたかの表われであり、メンバーが真実を隠そうとするのも不思議ではない。

男色

これは当時、相手の信用をおとしめたり破滅させたりするのに使われた常套手段で、フィリップ4世は以前にも教皇ボニファティウス8世に似たような非難を向けている。フィリップ4世からすれば、男色は敵を倒すのに格好の武器だったのだろうし、反証は難しい。だが拷問にもかかわらず、パリの裁判で男色を自白したメンバーはわずか3人だった。モレーもキリストの否定は早々に認めたのに、男色については、騎士団の宗規はこうした行いを破門などの厳罰に処すとして強く否定している。

十字軍の主要な戦いで、テンプル騎士団は先陣を占めていた。

伝説によれば、モレーは炎に焼かれながら国王に呪いの言葉を吐いた。

自衛のすべを持たないテンプル騎士団は崩壊した。フィリップ4世の猛烈な圧力にさらされた教皇は、騎士団を正式に解散させる勅令を出した。これでメンバーが有罪とされたわけではないが、騎士団は永遠に消滅した。だがフィリップ4世にとってはきわめて腹立たしいことに、ふたつ目の教皇勅令が出され、騎士団の財産をヨハネ騎士団に移す旨が宣言され、結局は勅書「コンシデランテス・ドゥドゥム」により、テンプル騎士団が駐在していた各地域で適切に処理すべしとされた。つまり、騎士団幹部の運命は教会の手に握られたままだった。

衰弱しきったモレーと3人の幹部は、監獄で決定を待っていた。とうとう1314年3月18日、彼らはノートル＝ダム大聖堂前の演壇に立ち、判決を言い渡された。モレーは少なくとも70歳、ほかの3人も50代から60代と老齢だった。全員、以前の自白により異端で有罪とされ、無期懲役に処された。そのうちのふたりはだまって判決を受け入れたが、モレーは違った。恥辱にまみれて失墜した騎士団の最後の総長は、うすら寒くじめじめとした暗い監獄で飢えに苦しみながら残りの人生を過ごすよう言い渡されると、ついに声を発し、忠実なノルマンディー管区長ジョフレー・ド・シャルネイと共に声高に無実を訴えた。群衆に衝撃が

テンプル騎士団の謎

フランス革命

革命の嵐は頂点に達し、フランス王ルイ16世はギロチン刑に処された。いくつかの資料には、刑が執行されると、ひとりの男が処刑台によじ登り、指を血に浸したと記されている。男は「ジャック・ド・モレーよ、そなたの復讐は果たされた！」と叫び、群衆は喝采した。当時、騎士団が自分たちを破滅に追いやったフランス王に復讐するという伝説は広く知られており、フランス革命の勃発に彼らが一枚かんでいたとの説がしきりに語られた。生き残りのメンバーが地下に潜行して活動を続けているとの説もあり、根拠は一切ないにもかかわらず信じられている。いずれにせよモレーの復讐が果たされたことは確かだ。

走り、枢機卿たちは戦慄した。ふたりは自白を否認し、騎士団は何よりも神聖だと主張した。投獄されていた7年間、モレーは騎士団を守れなかったが、今ようやく命をかけて守ろうとしている。まったく想定外の展開を前に、枢機卿たちは混乱したままなすすべもなかった。報せを受けたフィリップ4世は激怒し、メンバーが無罪を主張しているということは異端に逆戻りした証拠であり、死をもって罰するしかないと宣言した。日没前、モレーとシャルネイは処刑された。監獄でみじめに生きながらえることを拒否して最期を迎えたモレーは、殉教者として語り継がれることになった。

残されたメンバーたちは修道の誓いに縛られたまま、多くは長期の実刑判決などの重刑を科された。聖ヨハネ騎士団に入った者、人里離れた修道院に送られて生涯をおえた者もいる。その数を入れてもまだ、ヨーロッパ中にいた何万人ものメンバーがどうなったのか疑問が残る。騎士団の公文書も大半の財宝も決して見つからなかったことから、騎士団は何らの警告を受けて大半が検挙前に逃亡したと考える人も少なくない。以後、生き残ったメンバーの消息をめぐって様々な陰謀説が唱えられてきた。騎士団の哀れな末路は語り草となっているが、彼らがどうなったのか、永遠に明らかになることはないだろう。

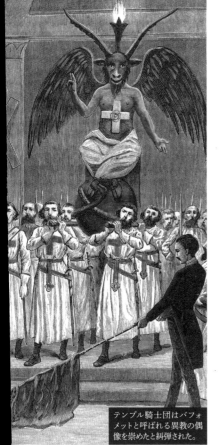

Downfall of a Duchess

公爵夫人の破滅

エレノア・コブハムは王妃の座まであと一歩のところまで
近づきながら、妖術の疑いで告発され、
公衆の前で侮辱を受けて、生涯、幽閉された。

1441年の冬の夜は凍てつくような酷寒に包まれた。そんななか、ヨーロッパ王族で最も名高い女性のひとりが終身刑の宣告を受けた。その名はグロスター公爵夫人エレノア・コブハム。彼女はすでに公衆の前で屈辱をなめさせられ、一生を牢獄で過ごすことを知っていた。だがほんの6か月前まで、彼女は王族に連なる公爵夫人であり、王位継承者の妻で、あと一歩でイングランド王妃になるはずだった。いや、王位に近かったために、告発されたのかもしれない。妖術で有罪判決が下るとヨーロッパ中に衝撃が走り、これをきっかけにイングランドの統治機構に変化が起きる。エレノアは、イングランドの最有力者のひとりでありながら、妖術を使って義理の甥ヘンリー6世の暗殺を企てた容疑で逮捕され、告訴された。1441年の夏から秋にかけての転落劇は現実離れしたドラマで、社会の頂点で権勢を誇っていた女性が、わずか数か月で追放された。

1441年11月、エレノアは王を呪い殺そうとしたかどで有罪を宣告され、数日後に公衆の面前で罪を告白せねばならなかった。雨と風が吹きつけるなか、贅沢好きで有名なイングランド宮廷の名花が、群衆の面前で肌着姿のまま裸足で火を灯したろうそくを手にロンドンのセント・ポール・クロスの教会まで歩かされ、

懺悔の祈りをささげた。祈りをささげたあとは牢獄に戻され、数日後にまた同じ苦行を強いられた。

懺悔行進は3度にわたった。1441年11月13日にはセント・ポール・クロスまで歩き、2日後にはロンドン橋から町の東端アルドゲイトのクライストチャーチまで歩いて、ろうそくと祈りをささげた。最後の行進は11月17日で、またもや肌着姿で裸足のまま、クイーンヒザからコーンヒルのセント・マイケル教会まで歩いた。懺悔行進には同じ過ちを犯すと公衆に警告する見せしめの意味もあったため、あえて市場の立つ人出の多い日が選ばれた。行進のルートは、ロンドン屈指の有名で活気に満ちた場所を通っていた。

後年の画家たちは、この事件をロマンティックに描いたが、現実は違った。過酷で屈辱的な仕打ちであり、それが当局の意図でもあった。結局のところ、エレノアの裁判は、彼女と彼女の夫グロスター公を潰すことが目的だった。とはいえ、神秘信仰への恐れが裁判を引き起こした要素のひとつだったことは否めない。15世紀半ばにおいて妖術への警戒心は高まる一方で、1430年代から40年代にはイタリアやスイスを含むヨーロッパ各地で突発的に、主に女性が迫害された。当時の科学ではまだ日々の生活の不可思議なことを説明

懺悔行進をする公爵夫人を描いたジェームズ・ウィリアム・エドムンド・ドイルの作品。1864 年。

しきれず、多くの人々は、魔法、占い女、占星術に頼った。しかし、強大な権力を持つ教会は信仰から逸脱した者たちを罰する機会をうかがい、ランカスター朝も熱心に異端を弾圧した。宗教規範に異を唱えるなど、相当な重大事だったのだ。

グロスター公ハンフリーと結婚したエレノアは、ヨーロッパきっての知識人が集まる夫の宮廷の中心的存在だったが、夫妻の信仰心は正統からはずれているとの噂は常につきまとった。妖術の噂が流れる以前にも、彼女の悪評を進んで信じる者は少なくなかった。エレノアは王族の花嫁の理想とはほど遠い女性だ。1400年頃にサリー州で生まれ、父スターバラー男爵レイノルド・コブハム、母エレノア・カルペパーの夫婦は決して裕福ではなかったが、エレノアは王族の侍女の職を得たのだから幸運だった。エレノアが仕えた女伯ジャクリーヌ・ド・エノーは、財産相続確保の支援を求めてヘン

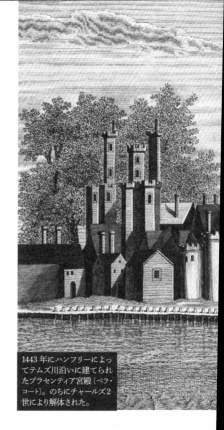

1443年にハンフリーによってテムズ川沿いに建てられたプラセンティア宮殿〔ベラ・コート〕。のちにチャールズ2世により解体された。

リー5世の宮廷にやってきた女性で、グロスター公ハンフリーと結婚した。ハンフリーはヘンリー5世の末弟で、夫妻は彼女の領地を奪回するため海を渡ったものの、ハンフリーは早々にイングランドに戻り、妻は捕らえられて投獄された。間もなく、グロスター公はエレノアを愛人にしたらしいという噂が立った。教皇が1428年にグロスター公の結婚を無効にするや、ハンフリーは妻の奉公人エレノアと結婚した。地方の下級貴族の娘は突如として公爵夫人となり、イングランドの最有力者の仲間入りを果たした。だが、女主人の夫の愛人だった過去は、彼女の足を引っ張った。ハンフリーがグリニッジにベラ・コート（娯楽の館「ラ・プリーザンス」とも）と呼ばれる瀟洒な宮殿を建てると、エレノアも華やかな宮廷を開いた。当時の記録によれば、エレノアは尊大な野心家で、王族としての地位を享受していたようだ。ヘンリー5世

ハンフリーとエレノアの細密肖像画。トマス・ウォルシンガムによるセント・オールバンズ大聖堂の『貢献者の書（Liber Benefactorum）』より。

ヘンリー4世時代のグロスター公ハンフリーの肖像。18世紀末。

王家の魔女の歴史

妖術で告発された王家の女性は、エレノア・コブハムだけではない。

イザベラ・オブ・アングレーム
1188 - 1246 年

イザベラは、夫ジョンがイングランド王の職務を放棄するよう呪詛した疑いで告発された。告発した修道士ロジャー・オブ・ウェンドーヴァーは、イザベラが魔法を使って、ジョンがフランスの領地防衛を断念するよう仕向け、王室を危機に巻き込んだと主張した。夫はずっと年下の妻に夢中だったが、疑惑が持ちあがると、妻への欲望も妖術のせいだと言った。

処罰

一切なし。ただし疑惑が原因で、評判に傷がついた。

ジョーン・オブ・ナヴァール
1370 - 1437 年

ヘンリー4世の寡婦ジョーンは、義理の息子ヘンリー5世を呪詛した容疑で告発された。ヘンリー5世はアジャンクールの戦いでの華々しい勝利で高く評価され、継母とも近かった。しかしジョーンは、王の寡婦としてかなりの収入を得ていたため、莫大な対フランス戦費の財源として目をつけられた。

処罰

ジョーンはペヴェンシー城に幽閉され、財産は王室に吸収された。ヘンリー5世は死に際に彼女の釈放を命じ、財産も返還された。

ジャケット・ド・リュクサンブール
1415 - 72 年

ベッドフォード公爵夫人ジャケットの娘エリザベス・ウッドヴィルは、ヨーク朝イングランド王エドワード4世と結婚して王妃になった。1469 年にヨーク朝が一時期失脚すると、ジャケットは、妖術を使って娘とエドワード4世の結婚を画策したと告発された。裁判では妖術のために彼女がつくったとされる小さな人形が提出され、国王夫妻を描いた2枚の図像を見たとの証言も出た。

処罰

薔薇戦争が再びエドワード4世に有利な展開になったため、彼女も無罪放免となった。

エリザベス・ウッドヴィル
1437 - 92 年

ヨーク朝イングランド王エドワード4世と結婚するために妖術を用いたと糾弾された。ふたりは彼女の家の近くの木の下で出会い、秘かに結婚したという。エドワード4世が他界すると、弟リチャード3世が王位を要求。エリザベスが妖術を使って王と結婚したからには、彼女の子たちは非嫡出であると宣言した。またエリザベスが自分に危害を加えるために呪詛したとも主張した。

処罰

エリザベスはリチャード3世の統治期のほとんどを、教会に閉じこもって過ごした。また「ロンドン塔の王子たち」と呼ばれた息子ふたりを亡くした。リチャード3世の死後、長女エリザベスが王妃として戴冠する。

有罪判決を受けた魔女の運命

有罪が確定すると、悲惨な死が待ち受けていたが、悔い改めれば一命を取りとめられる可能性も残っていた――

一般に魔女は火あぶりにされたと考えられているが、このおぞましい刑が執行されるようになったのは、エレノアの裁判のわずか40年前のことだ。義父ヘンリー4世は1401年に異端火刑法と呼ばれる法律を成立させ、これにより、反逆的異端のかどで有罪が確定した者を火刑に処することが認められた。妖術は異端であると同時に、既存の宗教慣行に反する行動であり、教会裁判所で裁かれた。1414年、ヘンリー5世が発布した異端禁止令では、容疑者を逮捕し、裁判に向けて教会に引き渡す権限が世俗の役人に与えられた。

処罰は様々だが、15世紀において異端と断定された者は、土地、財産、全資産を失いかねなかった。ただし罪を悔い改めれば、生きのびられる望みは残っていた。一方、マージュリー・ジョーデマインのように異端に戻った者は、死刑に処せられた。1414年の異端禁止令で、死刑囚は絞首の上、火で焼かれることが定められた。当時のイングランドにおいて火刑台での火あぶりは一般的ではなかったが、14世紀から15世紀を通してヨーロッパ大陸で多用されるようになる。最も有名なケースは、イングランド軍に身柄を拘束されて1431年に処刑されたジャンヌ・ダルクだろう。

ヘンリー8世は妖術を世俗の罪と位置づけた法令をはじめて成立させ、1542年の妖術禁止令により、有罪が確定した者は死刑の上、全財産が没収された。エリザベス1世はいわゆる「魔女」に幾分か寛大な態度を取ったが、これは母アン・ブーリンが刑死したことと関係しているのかもしれない。1563年の妖術禁止令では、他者に危害が加えられた場合のみ死刑が認められたが、1604年、ジェームズ1世のもとで成立した新たな法令は、悪霊を呼び出した者も対象としたため、17世紀初頭の魔女狩りで多くの女性が絞首刑に処せられることになった。

が他界してまだ赤ん坊だった息子がヘンリー6世として即位すると、ハンフリーは護国卿となり、強大な権力を手に入れた。魅力的で学問を愛するハンフリーは市民から絶大な人気を集めたが、権力闘争で敵は増える一方だった。かつて兄王と共にアジャンクールの戦いで大勝した彼は、フランスの王位をランカスター朝の手の内に確保すべく戦い続ける覚悟を決めていた。だがその代償はあまりにも高いと考える人々もいた。叔父ヘンリー・ボーフォート枢機卿もそのひとりで、ふたりの対立は次第に深まっていった。

1435年、兄ベッドフォード公ジョンが他界すると、ハンフリーはさらなる権力を手に入れた。今やグロスター公は王位継承順位1位となり、エレノアの目の前には王妃の座が見えてきた。翌年の夏、彼女はガーター勲章を授与され、壮麗なウィンザー城に足を踏み入れた。彼女の望みはただひとつ、世継ぎだった。結婚して8年も経つのに、エレノアには子どもができなかった。ハンフリーにはふたりの庶子がいたが、エレノアとの間の子である証拠は今までのところ見つかっていない。男の子が生まれ

「彼女は生きているだけで幸運だった」

てきたら公爵夫人の地位は安泰だが、40歳を目前にしてまだ身ごもらない。ハンフリーが状況次第で心変わりしうることは証明ずみであり、世継ぎ確保への必要からエレノアの境遇が再び変わらないとも限らない。

糾弾が頂点に達した1441年、エレノアは妖術に手を出したことは認めたが、目的は妊娠だけだったと主張した。しかし、次から次へと非難が浴びせられた。

災いのはじまりは、1441年6月24日、聖ペテロと聖パウロの祝日の数日前のことだった。ロンドンの旅籠で従者たちをもてなしていたエレノアのもとに、自分に仕えるロジャー・ボリングブルックとトマス・サウスウェルが逮捕されたとの報せが入った。同じく従者のジョン・ヒュームから、ヘンリー6世を呪詛したと告発されたのだ。王室評議会に召喚されたボリングブルックは、そもそもグロスター公爵夫人にそそのかされてやったと女主人を告発した。

世間には衝撃が走った。その理由のひとつが、エレノアが占星術に頼っていたことだ。占星術は違法ではなく、天宮図を使った占いは、一部の階層では洒落た暇つぶしとして受け入

アングルシー島のビューマリス城。エレノアは1449年から1452年に没するまでこの城に幽閉された。

れられていた。だが公爵夫人が占星術に頼っていたということは、王妃になれるかどうかを占っていたはずであり、つまりはヘンリー6世の死に関心を寄せていたということになる。同時に、ホリングブルックとサウスウェルは、ヘンリー6世自身の運勢をも占い、1441年夏に王が重病にかかるかもっと悪いことが起こるとの予言を得ていたことも判明し、反逆的占いのかどで告発された。

エレノアはウェストミンスター寺院に逃れたが、世俗裁判所ではなく教会裁判所から追及された。伝統的に教会に逃げ込んだ容疑者は安全を保障されるが、教会自体が裁く場合はその限りではない。エレノアは捜査の間、ケント州のリーズ城に拘留されたが、マージリー・ジョーデマインに頼ったとの告発も出された。マージリーはその10年ほど前に妖術で有罪判決を受け、以降決して使わないという条件のもと釈放されていた。彼女も逮捕され、ホリングブルック同様、公爵夫人に罪をなすりつけた。さらにマージリーは王に似せた蝋人形をつくって危害を及ぼそうとしたとも訴えられた。こうした図像魔術は広く恐れられていたが、エレノアもマージリーも、エレノアが身ごもるように魔術を頼ったのだと弁明

ヘンリー6世の肖像。
作者不詳。1540年頃。

した。

1441年10月26日、トマス・サウスウェルがロンドン塔で他界した。不名誉を苦にして落命したと発表されたが、死刑になる前に自殺したとの噂が流れた。翌日、マージリーが、スミスフィールド・マーケットで火あぶりに処された。11月18日、ボリングブルックが反逆的占いのかどで有罪判決を受け、首吊り、内臓えぐり、四つ裂きの刑が執行された。エレノアはすっかり落ちぶれ、エレノアはハンフリーと結婚するためにマージリーから薬を買ったことを認めたため、結婚無効の手続き申請が教皇庁に提出され、1441年11月6日に認められた。

エレノアは夫と王族の地位を失い、少々の訓戒で逃げ切る可能性は閉ざされた。1週間後に懺悔行進がはじまったが、生きているだけで幸運だった。敵たちは彼女を徹底的に辱め、失脚させることで、グロスター公ハンフリーの名誉にも打撃を与えた。事件の間、身を潜めていたハンフリーは逆に人目を引いたが、エレノアが有罪判決を受けると、政界から身を引き、イングランド統治を他の者の手にゆだねた。1447年に反逆罪で起訴されたが、逮捕から数日後に急死し、毒殺の噂が流れた。ハ

ンフリーは闇に消え、仇敵ボーフォート枢機卿のしがあがった。

エレノアは牢獄で一生を過ごした。まずチェスター城に幽閉されたが、すぐにケニルワース、次いでマン島のピール城に移され、晩年はアングルシー島のビューマリス城で過ごした。何百キロメートルも離れた島での暮らしは、彼女に名声と破滅をもたらした豪奢なロンドン生活とは遠く隔たっていた。1452年7月7日に亡くなったが、かつて彼女が開いた宮廷は無関心だった。ヘンリー6世は女傑マーガレット・オブ・アンジューと結婚し、30代に入っていた。この時期の権力闘争は、やがて薔薇戦争へとつながる。

エレノアはすっかり忘れ去られて、典型的魔女として王家の歴史でほんの少し言及されるだけの存在となった。魔術に手を出した女性王族は彼女だけではないが、その代償はあまりにも高かった。母になりたかったのか、王妃の座を狙ったのか、答えを知る者はいない。

Elizabeth Woodville, White Queen & Black Magic

白薔薇の女王 エリザベス・ウッドヴィル と黒魔術

おとぎ話のようなエドワード4世とエリザベス・ウッドヴィルの結婚。
その裏には本当に妖術が働いていたのだろうか。

1464年のある晴れた春の日、ヨーク朝を開いたイングランド王エドワード4世は、ホイットルウッドの森で狩りをしていた。獲物、天候、はたまた自分を王位に押しあげた動乱などに思いをめぐらせていたが、急にそれとはまったく別のことに気を取られた。オークの木の下に絶世の美女が立っていたのだ。美女はふたりの幼い男の子の手を握り、王が近づいてくると迷うことなく道に身を投げた。寡婦である彼女は、自分の正当な所有物である土地を取り戻し、つましい一家が困窮しないように介入していただきたいと言う。その瞬間、王は矢に射られた。ただし狩りの矢ではなく、愛の矢に。こうして彼は一生解けることのない魔法のとりこになったのだった。

何としても彼女を自分のものにしたい。王にはかなえられない望みなどなかったし、若く容姿端

麗な彼の魅力に逆らえる女性などいなかった。それなのに麗しの美女はキスさえ許してくれず、力づくで望みをかなえようとしても、美徳と名誉を重んじて抵抗するばかりだった。面目を失った王は彼女の前で膝をつき、永遠の愛を誓った。その後の展開は周知の通りで、陶然とした王は彼女に求婚し、ふたりは間もなく秘かに結婚した。だが同年9月に結婚の事実が明らかになると、閣僚も国民も仰天した。

世間は、カリスマ性あふれるプレイボーイのエドワード4世がエリザベス・ウッドヴィルなる女性に出会い、すべてを喜んで差し出すほど夢中になり、結婚した話で持ちきりになった。話には尾ひれがついて様々に脚色されたが、ひとつだけ疑問がつきまとった。何がエドワード4世を、現世と死後の罰を引き受けてまでエリザベスを手に入れたいと思わせたのか。ある理論に従えば、答え

エリザベス・ウッドヴィル

1437 - 92 年
エドワード4世との思いもかけない結婚、悲劇の「ロンドン塔の王子たち」の哀れな母。イングランド王妃エリザベスの生涯は波乱万丈で、安定とは無縁だった。

は単純だ。下級貴族出身の王妃は女性の魅力だけでなく、妖術というもっと邪悪で確実な方法を武器にエドワード4世を魅了したのだ。

こうした不穏な噂が出はじめたのは1469年頃だったが、標的にされたのはエリザベス自身ではなく彼女の母、先のベッドフォード公爵夫人ジャケットだった。キングメーカーと呼ばれる実力者ウォリック伯が王家に反乱を起こすと、ウッドヴィル一族も動乱に巻き込まれ、ジャケットの夫と息子は戦場で処刑された。エリザベスと子どもたちの立場も脅かされたが、エドワード4世も

エドワード4世の死後、想像をもとに描かれた肖像画。作者不詳。

自分を王位に就けたウォリック伯に身柄を拘束され、何の手も打てなかった。動乱の最中、トマス・ウェイクという男が妖術を使ったとしてジャケットを告訴した。鉛でできた人形を提出し、ジャケットが呪詛のためにつくったと主張した。またジョン・ダウンガーという名の教会書記も、ジャケットが王と王妃をかたどった別の像をつくったと主張して、ウェイクの訴えを裏づけた。この訴えが何を意味しているかは明らかだった。ジャケットが人形と魔術を用いて、超自然的な方法で娘を王と結婚させたというのだ。

鍋に材料を入れるふたりの魔女。ドイツの木版画。1489年。

エリザベスを描いた版画。メアリー・ハウイットの『イングランド王妃たちの伝記 (*Biographical Sketches Of The Queens Of England*)』より。

「権力欲の強い
　エドワード4世の弟は
　甥から王位を奪う
　チャンスを
　見逃さなかった」

エドワード4世とエリザベスの結婚を描いた、金銀で彩飾された写本。ジャン・ド・ワヴランの『イングランド古年代記 (*Anciennes Chroniques D'Angleterre*)』より。

ジャケットは逮捕され、ウォリック城に連行された。この事件には政治的陰謀とまやかしの匂いがする。ウェイクは「たまたま」ウォリック伯の熱烈な支持者だったが、相手が悪かった。エドワード4世は義母に不利な証言を強制されたが、ジャケットはロンドン市長をはじめとする有力者に訴え、1470年1月にエドワード4世が権力を奪回すると、裁判も潰れた。彼女は汚名を晴らすため、ウェイクは自分を陥れようとしたと王室評議会に訴えて無罪を

勝ち取り、国王およびウォリック伯を含む評議会の合意を得て、無罪を公式記録に記載させた。

1483年までウッドヴィル一族と妖術の関係が取り沙汰されることはなかったが、同年4月にエドワード4世が急死すると、告発が蒸し返された。ジャケットもウォリック伯もエドワード4世も故人となった今、糾弾はエリザベスに向けられた。告発者はほかならぬグロスター公リチャードだ。エドワード4世の弟である

るリチャードは、虎視眈々と王位を狙っており、野心的なウッドヴィル一族を徹底的に葬り去ろうと決めていた。

伝えられるところによれば、リチャードは意気揚々と評議会に現れたが、すぐに乱暴に部屋をあとにしたようだ。戻ってきた時にはすっかり様子が変わっていて、これ見よがしに袖をたくしあげて腕を見せ、この腕が萎えてしまったのは「あの魔女」、エリザベスが自分を呪ったからだと訴えた。しかも寡婦エリザベスには

共犯者たちがいた。なかでもジェーン・ショア
は、エドワード4世のあまたの愛人のなかでも
格別の寵愛を受けた女性として知られている。
翌年1月、リチャード3世の最初にして唯一
の議会で正式に王位継承令が通過し、告発
が提出された。王位継承はエドワード4世
の子たちとエリザベスを非正統と宣言し、リ
チャード3世の権力と王権保持を確立した。
この法令にはふたつの根拠がある。ひとつは、
エドワード4世はもともとエレノア・バトラー
という女性と婚約していたことで、エリザベスと
の結婚は無効、彼らの子は婚外子ということ
になる。もうひとつは——これが後年の人々の
想像力をかきたてた点だが——、エリザベス
と母ジャケットが超自然的なやり方で結婚に
こぎつけたからには、結婚自体が無効との論
だった。
1484年1月23日に成立した法案は、婚姻は
不愉快かつ欺瞞であり、「あらゆる政治上の
規則が悪用された」と断じた。ただ妖術に関
する証拠はほとんどなく、国中で唱えられて
いる世論だとのあやふやな根拠しかなかった。
この法令の政治的影響は明らかで、リチャー
ド3世は権力を握り、先の王妃の子たちの王
位要求は徹底的にもみ潰された。それでもエリ
ザベスは裁判所に召喚されず、自らの主張を
声高かつ明確に知らしめたリチャード3世も、
ウッドヴィル一族の残党を骨抜きにするという
目的を果たして、事を急ぐ必要もなくなった。
エリザベスが妖術を使って国王をそそのかした
との申し立ては、さらなる別の申し立てを裏づ
けとしていた。そのひとつが、1470年に彼女
が王妃マーガレット・オブ・アンジューの航海
を阻むために嵐を起こしたというものだ。これ
は、誰もがうらやむ有力なウッドヴィル一派の
信用をおとしめて無力化するのが、政治的に
都合のよかった時期にあたる。だが、彼女の
敵の主張に何らかの真実は含まれているのだ
ろうか。
現代の感覚からすれば奇妙で信じがたいが、
15世紀前後のヨーロッパでは恋愛魔術が広く
信じられて実践されると共に、しばしば妖術
として告発され、16世紀から17世紀の妖術
禁止令でも対象とされた。魔術への確信は
宗教やキリスト教の信仰に劣らないほど重要
だった。たとえば1471年の聖金曜日〔復活祭
前の金曜日〕にエドワード4世がウォリック伯率
いる軍と戦うためにバーネットに出陣した時

精霊メリュジーヌを描いた絵。人気を博したジャン・ダラス著
『メリュジーヌ物語 (Le Livre De Mélusine)』より。1478年。

も、この重要な戦を左右したのは妖術だとの
噂が立った。戦いでは尋常ではない濃い霧が
立ち込めたそうで、魔法のなせるわざに違い
ないと言われた。
妖術は破壊力のきわめて強い告発理由となっ
たが、この時代の以前も以後も、魔女として
告発された王家の女性はいた。エリザベス母
子はその一例にすぎず、いかに高い身分の
者も容赦されなかった。ヘンリー4世の寡婦
ジョーン・オブ・ナヴァールも1419年に告発
され、短期間幽閉された。グロスター公爵夫
人エレノア・コブハムの事件は大スキャンダル
となり、公衆の前で懺悔行進をさせられ、牢
獄で一生を過ごした。それというのも、グロ
スター公と結婚したいがためにマージュリー・
ジョーデマインに頼ったとか、夫がヘンリー6
世の跡を継いで王位に就く日がくるかを知るた
めに王の運勢を占ったとかいう噂が原因だ。

エリザベスの場合はここまで追い詰められるこ
とはなかったが、母子とも自分たちの名が妖
術と結びつけられることの結果を想像して肝
を冷やしただろう。

「エリザベスや
ジャケットへの告発には
一片の真実もない」

愛の値段

中世の愛の媚薬の中身は？

チョウセンアサガオ〔マンダラゲ〕の根

聖書が書かれた太古から催淫効果があることで知られ、中世を通して媚薬の原材料として広く用いられた。一部地域では、現在でも同じ目的で使われている。雄株も雌株も人間に似た形をしているが、引っこ抜かれる時に悲鳴をあげるのが玉にキズで、適切な予防手段を講じないと、悲鳴を耳にした者は気が狂うか死んでしまうと言われていた。

人体の一部

媚薬が効果を発揮して愛が成就するよう、粉々になった骨、陰毛、経血などぞっとするような材料が使われた。想い人と想われ人の双方のものが含まれていれば、さらに強力だ。殺された男の子の骨髄と脾臓を使った媚薬もあった。

ハチミツ

甘くて食欲をそそるハチミツやハチミツ酒は媚薬にはおなじみで、甘さが意中の相手の欲望を自分に向けさせ、甘い関係を築いてくれると期待されていた。飲みやすい味もポイントだ。

聖別されたパン

聖餐式で重要な役割を担う聖別されたパンは、中世においてきわめて重宝され、恋愛魔術をはじめ様々な目的の魔術で引っ張りだこの材料だった。入手が難しいため、人々はあの手この手を使って何とか手に入れようと、教会でパンを受け取ってから舌の下に取っておく者もいた。パンには目的に応じた単語や呪文が書かれていた。

ヒヨス

魔女に用いられると同時に一部の魔力を封じ込める作用もあるヒヨスは、縁起の悪い植物だった。だが身につけると愛を呼び寄せることができると信じられていたため、愛が成就するように、いつまでも続くようにとの願いを込めて使われた。錯乱や死をもたらすこともあるので、取り扱いは要注意だ。

蠕虫（ぜんちゅう）

もうひとつの気味の悪い材料。蠕虫と粉状のツルニチニチソウといくつかの薬草とを混ぜたものは、カップルの愛を強めると信じられていた。蠕虫の肉はおよそ魅力的とは言いがたい味だったことだろう。一見奇妙な材料だが、地面との関連から、多くの媚薬の目的でもある多産の力強いシンボルだった。

Tome III. pag. 169.

L'AMOUR MEDECIN

媚薬を持った若い男を描いたエッチング。
17世紀モリエールの喜劇「恋は医者」より。

だが証拠に目を向けてみると、エリザベスや
ジャケットへの告発には一片の真実もない。
告発の大部分は、ジャケットの経歴と、一族
が神秘的な水の精霊メリュジーヌの末裔であ
るとの伝説をもとに著作家たちがつくりあげた
ものだ。このつながりにより、ジャケットとエ
リザベスは、妖術の才を持って生まれてきた
のだと言われるようになった。当時の人々が、
妖術は一族に伝わるもの、母から娘へと数世
代にわたり受け継がれるもの、というのちのイ
ングランドの魔女裁判に広く認められる考えを
抱いたとしてもさほど驚くにはあたらない。た
だ、ジャケットやエリザベスが一族の伝説に
大きな関心を抱いていた証拠はほとんどなく、

息子リチャードに別れを告げるエリザベス。ヴィクトリア時代の作品。

「エリザベスが母に よって教育を施され、 そこにたまたま 王が現れた 可能性がなくもない」

　話としてはおもしろいが、エリザベス母子が有利な結婚を実現するために妖術に手を出したとは、どうしても考えにくい。幸運以外に説明をつけるとしたら、エリザベスが母によって教育を施され、そこにたまたま王が現れた可能性がなくもないというくらいだ。いずれにせよ、そうしたことを裏づける証拠は一切見つかっていない。

　エリザベス母子に向けられた非難を読み解くには、当時の政治状況に目を向ける必要がある。エドワード4世が急死すると、権力をめぐり主にふたつの派閥——エドワード4世の弟グロスター公リチャードと、王妃を筆頭とするウッドヴィル一族——が対立した。リチャードは護国卿に就任したが、ウッドヴィル一族はエドワード5世が成人するまでの間、幼くてくみしやすい国王に絶対的な権力をゆだねるよりも枢密院による統治を主張し、リチャードに正面から対抗した。一方リチャードの狙いはただひとつ、エリザベスとその子どもたちの地位の剥奪と追放だ。

　リチャード自身、エリザベスに腕を交えさせられて生気を奪われたとの主張を突き通せるなどとは信じていなかった。人文主義者トマス・モアはこの主張を一笑に付し、エリザベスがジェーン・ショアを嫌っていたことを知らない者はいないのだから、ふたりが共犯者だったなど明らかにありえないし、妖術に手を出すほどエリザベスは愚かではないはずだと反論した。

　エリザベスは魔女だったのだろうか。証拠からすると、答えは否だろう。だが、信じるか信じないかはともかく、伝説は語り継がれ、広く知られるようになった。エドワード4世とエリザベスの人生を取りあげた近年の文学やテレビ番組もこの神話を踏襲し、エリザベス魔女説が容易には拭い去れないことを証明している。

　伝説自体も、彼女たちが運命を切り開くために妖術に頼ろうとした証拠にはならない。

　一方、エリザベスとエドワード4世は5月1日に結婚したと主張された。この日は伝統的にベルテインの祝日であり、人々の意識の上では、異教徒暦の最も重要な日のひとつとして妖術や儀式と深く結びついていた。王自身が結婚前夜にエリザベス母子や魔女の仲間たちとこの世のものならぬ陽気な騒ぎに加わり、踊り跳ねたとも言われる。もちろんそんな話はたわごとにすぎない。確かに彼は初夜明けには疲れきっていたが、もっと現実的で説得力のある説明がつくことは明らかだ。

　王の一見唐突で予想外の結婚と、妻の出自に関する好意的とは言えない反応からすると、人々は婚姻に神秘的な力が働いたと信じたり、少なくとも噂したりすることにさほどの抵抗は感じなかったようだ。当初からエリザベスは非難と敵意を浴びた。美しい容姿は嫉妬され、王の心を射とめた当時は土地も地位も持たない身分だったことで(実際、彼女は当時、平民の生まれながら王族に成りあがった唯一の王妃だった)、噂やつくり話の格好の的となった。派手で高慢な成りあがり者、妻としても王妃としても不適格な女性だと批判され、彼女の母も強力な力を使って娘に王をそそのかせた上、大所帯の一族のために有利な地位や結婚を確保したと噂された。

© Alamy, Kym Winters

Sepulchrü Samuelis

James VI and the Witches

ジェームズ6世と魔女たち

黒魔術を実際に経験した、
少なくとも自分ではそう信じていたスコットランド王ジェームズ6世は、
魔女たちに徹底的な戦いを挑んだ。

「こんにち、この国には魔女や魔法使いなど忌むべき悪魔の奴隷たちがすさまじく横行しており、私は（親愛なる読者よ）以下の論文を発表することにした。だがそれは自分の学識や才をひけらかすためではなく（私はそうしたことに抗議する）、ひたすら（良心に動かされて）この書を通じて可能な限り、多くの人々の疑念を晴らすためだ。確実にサタンは攻撃をしかけていること、サタンの手先は最も過酷な罰に値することを明らかにする次第である」と、エディンバラで1597年に刊行された『悪魔学（Daemonologie）』ははじまる。この書が注目に値する理由はふたつ。英国における魔女への根深い偏執の産物であること、そして著者がスコットランド王であることだ。王は何ゆえ、黒魔術との戦いに乗り出したのだろう。彼がペンを執ったのには、3つの理由が考えられる。

第一のそして主な理由は、彼の知的能力へのゆるぎない自信だ。ジェームズ6世は学者肌で探求心が強く、博識で議論好きだった。とりわけ神学に強く惹かれ、王そして知識人である自分

には英知を民に与える義務があると考えていた。第二の理由は、1589年にサタンの攻撃の的にされたと信じていたことで、この出来事は心に強く刻まれた。第三の理由は、王が絶えず反逆を強く警戒しており、王家の敵は悪魔の力に動かされていると主張していたことだ。ジェームズ・スチュワートは1歳でスコットランド王に即位した。母のスコットランド女王メアリー1世は1567年7月に廃位されたため、幼かった彼には国王として手本にできるような人物がいなかった。幼少時のしつけは摂政に任されていたが、摂政は次から次へと変わり、それぞれが敵対する派閥に属していた。家庭教師たちは、才能はあるが狭量な長老派のジョージ・ブキャナンの監督下で王に厳格な教育を施し、10代半ばになる頃の王はラテン語、ギリシャ語、フランス語を習得し、聖書とカルヴァン派の教義を固く信じていた。確かな学識と、統治者として神から権利を託された者としての自意識とが一体となり、自分の意見は理性のみならず神にも支えられていると考えていた。

妖術の存在を信じ、恐れてもいたジェームズ6世

**スコットランド王
ジェームズ6世**

1566 - 1625年
在位　1567 - 1625年
スコットランド女王メアリー1世と彼女の2番目の夫ダーンリー卿の息子。母の廃位後、王位に就く。統治の特徴は迷信。1603年、イングランド女王エリザベス1世逝去後にイングランド王に即位する。

ジョン・ド・クリッツによるジェームズ6世の肖像画。17世紀初頭。

だが、そのルーツは民間信仰と、カトリックおよびプロテスタントの神学にある。ヨーロッパでは何世紀もの間、魔術の実践者はふたつのグループに分かれると考えられてきた。ひとつは知恵のある男女（ワイズ・アード〔賢者〕あるいはウィザード〔妖術使い〕）すなわち薬草の専門家で、無害な「白」魔術を行っている。もうひとつは悪意あるマレフィシウム（悪意ある魔術）、黒魔術への転向者で、他者に災いをもたらす。

「主だったルター派の神学者たちは、善の力と悪魔が繰り広げる霊的戦いという概念を全面的に支持していた」

1480年代に入ると劇的な変化が起こり、異端との戦いに明け暮れるカトリック教会は妖術の定義を見直した。重要なのは、もはや魔術の効果が善か悪かではなく、魔女や妖術使いの力がどこからきているかだ。教皇インノケンティウス8世は、彼らはサタンやその手下と共謀していると唱えた。神の敵たちは教会裁判所で有罪が確定すると、世俗当局に引き渡され、処刑される。処刑法は、ヨーロッパ大陸では多くの場合、火刑だった。魔女の見分け方や（拷問を含む）尋問方法が詳細に綴られた公認手引書『魔女に与える鉄槌』が刊行されると、ベストセラーとなり、新たに発明された印刷機で大量に印刷されて、28版を重ねた。ここに書かれている妖術の叙述は、宗教改革期を通じてカトリックとプロテスタント両教会が一致を見た数少ない共通意見であり、偏執的なまでの魔女追求に火がつき、何千もの人——主に女性——がいわれのない罪で処刑された。

弾圧には地域差があった。ブリテン諸島ではこうした狂乱はほとんど起こらず、『魔女に与える鉄槌』も英訳されなかった。とは言え、ロンドンやエディンバラの政府がこの問題に無関心だったわけではなく、1563年には議会で妖術禁止令が可決された。国境北の一部地域は特に厳格で、妖術の実践や魔女の力を頼る行為を極刑に処した。しかし以降25

ジェームズ6世に嫁いだアン・オブ・デンマーク。作者不詳。1600年頃。

年の間、起訴件数はごく低く、有罪判決例はさらに少なかった。こうしたなか、1587年から91年にかけて状況は複雑化する。

スコットランド貴族たちは派閥争いに明け暮れ、ジェームズ6世の統治は安定しなかった。なかでも突出していたのがジェームズ5世の庶子の息子、ボスウェル伯爵フランシス・ヘップバーン（1562頃-1612年）で、ジェームズ6世の母、スコットランド女王メアリー1世の義理の甥にあたる。メアリー1世は数回にわたりイングランド女王エリザベス1世に対する陰謀を企てたにもかかわらず、「お目こぼし」にあずかっていた。だが1587年2月、エリザベス1世はとうとう彼女の処刑を命じる。ボスウェルは徹底して報復を説いたが、ジェームズ6世自身が紛争に加わろうとしないのを見て憤慨した。

翌年、ボスウェルは再びイングランドに反旗を翻した。スペインの無敵艦隊がイングランド侵攻に失敗し、北上してスコットランド沿岸へと押しやられた。ジェームズ6世はボスウェルを海軍卿に任命し、スペイン艦隊攻撃

を命じた。だがボスウェルには腹案があった。彼はスペイン王フェリペ2世の船と人員を吸収して、イングランドに再び攻撃をしかけようと考えた。計画ではボスウェルは自軍を立ちあげ、イングランドとスコットランドのカトリック貴族と同盟を組み、マドリードに使者を送るはずだった。計画が頓挫すると、ジェームズ6世は首謀者であるボスウェルを投獄したが、意外と言うべきか、無謀と言うべきか、寛容と言うべきか、1589年9月に釈放した。というのも、ジェームズ6世はデンマーク王女との結婚という、より重要な件に取り組んでいたからだ。ジェームズ6世とデンマーク王クリスチャン4世の姉アンとの婚姻を機に物語は奇妙な展開を迎え、妖術が登場する。

14歳の王女を乗せた護衛艦はコペンハーゲンからエディンバラへ向けて出港したが、激しい嵐に遭ってノルウェー沿岸に避難した。この地域では秋の嵐は珍しくなかったが、ジェームズ6世は妨害されていると信じて、10月に自ら花嫁を迎えに行った。6か月滞在したデンマーク宮廷では、王室の庇護を受けた学者や聖職者たちと知的議論を存分に楽しんだ。そこで目にしたのが、現代的に言えば、迷信と科学の奇妙な混成だった。主だったルター派の神学者たちは、善の力と悪魔が繰り広げる霊的戦いという概念を全面的に支持し、聖書

魔女は悪魔の手先とされ、ヨーロッパ中で弾圧された。

ジェームズ6世 著『悪魔学』の表紙

DAEMONOLO-
GIE, IN FORME
of a Dialogue,

Diuided into three Bookes.

EDINBVRGH
Printed by Robert Walde-graue,
Printer to the Kings Majestie. An. 1597.

Cum Privilegio Regio.

多くの学者たちがティコ・ブラーエの観測所を訪れた。

国王の憧れの的
ジェームズ6世から知的同志と目された男

ジェームズ6世はティコ・ブラーエ（1546-1601年）に深い感銘を受けた。ブラーエは才気煥発で外交的、当時の実験科学の最先端を担う学者のひとりとして広く知られていた。かつてフェンシングで受けた傷を隠すために金属の人工鼻をつけ、華やかな宴を催し、室内でヘラジカを飼っていた。設備の整った研究施設には研究室、観測所、図書室、そして天文観測用具を製作するための工房があり、彼は正確な占星術には天体運動の観測が不可欠と考え、何千度も観測と計算を繰り返した。同時にブラーエは科学研究の最先端にいながら、悪魔学に関するルター派の見解を支持した。ジェームズ6世はこの著名人が自分と考えを同じくしていることに大喜びしたことだろう。

陰謀論に浮かされた
ヨーロッパ大陸

魔女が迫害されたのはスコットランドだけではないが、
スコットランド王の果たした役割は群を抜いて重要だった。

デンマーク＝ノルウェー王国

被告数 3400人
刑死数 1350人

デンマーク＝ノルウェー王国はスカンジナヴィアの魔女狩りの中心地ではあったが、迫害は比較的少なかった。理由は、魔女を含む不正者による告発は有罪の根拠になりえないと定めた1547年のコペンハーゲン法だ。デンマークでの魔女狩りはスコットランドに波及したが、熱はスコットランドでさらに激化してデンマークに戻った。1619年、スコットランドの探検家ジョン・カニンガムが、はるか北のフィンマルク総督に任命されると、翌年には大がかりな悪魔の陰謀に関する最初の報告書が提出され、カニンガムのもと52の公判が開かれた。なかでも最大規模の裁判のきっかけは、ジェームズ6世を憤慨させた時と同様、「海と空がひとつになる」ほどの大嵐だった。

スコットランド王国

被告数 4000 - 6000人
刑死数 1500人

近隣王国とは違い、スコットランド教会と王室が目の敵にしたのは、悪意ある魔術ではなく、妖術行為そのものだった。1563年以降、妖術や魔女の力を頼ることは神と王室に対する犯罪行為とされ、死刑に処せられた。裁判を担当したのは世俗裁判所だが、スコットランド長老派教会の力を誰もとめることはできず、教会が証拠集めや訴訟手続きを行うことも珍しくなかった。ジェームズ6世が自ら手引書を記すほど妖術撲滅に熱心だったことは有名で、判事たちは悪魔の陰謀の案件に判決を下す際は、自分たちに何が期待されているかをよくわきまえていた。

イングランド王国

被告数 1000人
刑死数 500人

1563年に成立した呪術、妖術、悪魔や悪霊との取引禁止令（以下1563年妖術禁止令）により、悪意ある魔術、妖術で人を殺したり危害を加えたりする行為、そして女王の未来を占おうとするあらゆる試みは重罪とされた（この点、エリザベス1世は父同様、猜疑心が強かった）。死をもたらしたり、あまりに熱心に女王の将来を占ったりしようとする者は絞首刑に処せられ、危害を及ぼしたかどで有罪が確定した者は1年の実刑とさらし刑になり、再犯は死刑に処された。魔女裁判のほとんどは巡回裁判所で開かれた。地方陪審員はヒステリーに傾きがちだったが、判事は──たいていロンドンから派遣されていた──農民の迷信に立ち向かい、彼らの学識に訴えようとした。妖術で処刑された者の多くは、1644年から47年にかけて活動したマシュー・ホプキンスの犠牲者だった。

フランス王国

被告数 3000人
刑死数 1000人

中世の魔女狩りはフランスではじまるが、近世になると、被告はたいてい近隣の町の上位裁判所に上訴した。上訴が提出されると、案件が地方から移され、ルーアンかパリで審理された。ルーアンやパリではヒステリーが暴走することは少なく、実際、死刑宣告のうち75%はパリ高等法院で取り消され、その他の判決も90%が軽減された。だが憎悪は容易には抜きがたく、多くの無実の人が釈放されるとリンチに遭う一方、アルデンヌのような僻地の共同体は自ら裁きを下してリンチ、溺死、石打の刑が行われ、裁判所は蚊帳の外に置かれた。

スペイン王国

被告数 2000人
刑死数 100人

もともとスペインでは数世紀にわたり宗教の名のもとに残虐行為が横行したが、国自体は魔女狩りに関しては比較的穏健だった。中世の司法では拷問と、非情な審問官（聖職者や著名な法律家）の尋問による非公開証言を優先したが、スペイン異端審問所は可能な限り世俗当局から魔女裁判の主導権を奪い、こうした無秩序な制度を一掃しようとした。文化・言語上の境界をなすバスク地方では1609年にパニックが起こったが、異端審問所は懐疑的姿勢を崩さなかった。1例を挙げれば、異端審問官アロンソ・デ・サラザールは無数の告発を前に、皮肉な調子で「こうした主張は人間の理性を超えており、悪魔が許す限界さえも超えているかもしれない」と述べた。1614年、異端審問所は自白と告発だけでは妖術の証拠としては不十分であると宣言した。

神聖ローマ帝国

被告数 5万人
刑死数 2万5000・3万人

様々な国家や公国からなるパッチワークのような帝国では、宗教改革によって窓ガラスのヒビのように亀裂が生じた。帝国令状は論理的な法典に足を取られて、地方勢力の前では効力を発揮できなかったため、いくつもの抜け道があった。地域の有力者からなる魔女狩り委員会は、自分たちの都合にあわせて「魔女税」を課すことができ、妖術を帝国の大いなる脅威と見なして「特別手続き」を取ることもあった。特別手続きでは法の適正手続きが完全に停止され、委員会には即時起訴、弁護放棄、拷問の援用の権限が認められた。興味深いことに、私たちが想像するような魔女迫害は、農村部同様に都市部でも行われた。ドイツの町の犠牲者は衝撃的な数にのぼり、ルクセンブルク国境に近いトリーアでは、1581年から93年にかけて人口の20%が処刑された。

凡例

◆ 重度の弾圧が行われた場所
◆ 中度の弾圧が行われた場所
◆ 軽度の弾圧が行われた場所
◇ 弾圧の程度が一概ではない場所

MALLEI
MALEFICARVM
TRACTATVS ALIQVOT
TAM VETERVM, QVAM
Recentiorum in vnum corpus coacervati,
ARTIS MAGICÆ STVPENDOS AFFECTVS,
Lamiarum Pythonicas contractus, impia dogmata, spurcitias,
fascinationes, veneficiáque demonstrantis.
TOMI SECVNDI PARS PRIOR.
Cum INDICIBVS Auctorum & rerum vtilissimis.

LVGDVNI,
Sumptibus CLAVDII BOVRGEAT, sub signo Mercurij
Galli.
M. DC. LXIX.
CVM PRIVILEGIO REGIS.

17世紀に印刷された『魔女に加える鉄槌』。魔女の見分け方や尋問方法が詳細に記されている。

チューダー朝イングランドには、決して声高に主張しないけれども独立心を持った「堅実な」気骨ある人々が多くいた。レジナルド・スコット（1538年頃-99年）もそのひとりだ。ケントにわずかな土地を所有する彼は、治安判事を務め、アルマダの海戦が起きた1588年にはニューロムニーの議員を務めた。2冊の本を著したが、いずれも見識の深さと良識をうかがわせる。1冊目はホップの栽培手引きで、1574年に刊行された。1584年に刊行された2冊目『魔術の暴露（The Discoverie Of Witchcraft Wherein

The Lewd Dealing Of Witches And Witchmongers Is Notable Detected）』はより特殊な内容だ。魔女と見なされた女性への迫害に嫌悪を催し、古今の様々な大家の論を援用して、「妖術」を信じることは聖書と理性に反すると論じた。『魔術の暴露』は魔女裁判を非難すると同時に、まじない、錬金術、詐欺の実態や、魔女の行動に関する通説を解説している。ジェームズ6世がこの本を邪悪と断じたのも無理はない。

The discoverie
of witchcraft,
Wherein the lewde dealing of witches
and witchmongers is notablie detected, the
knauerie of coniurors, the impietie of inchan-
tors, the follie of soothsaiers, the impudent fals-
hood of cousenors, the infidelitie of atheists,
the pestilent practises of Pythonists, the
curiositie of figurecasters, the va-
nitie of dreamers, the begger-
lie art of Alcu-
mystrie,
The abhomination of idolatrie, the hor-
rible art of poisoning, the vertue and power of
naturall magike, and all the conueiances
of Legierdemaine and iuggling are deciphered:
and many other things opened, which
haue long lien hidden, howbeit
verie necessarie to
be knowne.
Heerevnto is added a treatise vpon the
nature and substance of spirits and diuels,
&c : all latelie written
by Reginald Scot
Esquire.
1. Iohn. 4, 1.
Beleeue not euerie spirit, but trie the spirits, whether they are
of God; for manie false prophets are gone
out into the world, &c.
1584

魔女弾圧に反論したレジナルドの本の表紙。

や『魔女に加える鉄槌』にもとづいて緻密な悪魔学を打ち立てた。妖術についての概念は理論にとどまらず、人々はサタンが日常生活に大いなる脅威を及ぼしていると考え、悪魔と手を組む人間がいないかどうかひどく警戒していた。

デンマーク宮廷には自由思想的な科学者もいた。なかでも王室お抱えの占星術師ティコ・ブラーエは、ヨーロッパにおける天体運動研究の最先端にいた。学者を自認するジェームズ6世は、ヨーロッパ思想界屈指の知識人に囲まれて本領を発揮し、それまでに受け継いだ信仰体系に新たな見識を盛り込んで、独自の哲学を打ち立てようと考えた。

ジェームズ6世の統治哲学の根幹には、王とは神から代表者として認められた者だとの信念がある。すなわち、王に逆らう者は神に逆らう者であり、悪魔の手先ということになる。これは反逆や妖術にもあてはまる。ジェームズ6世はようやく「明確に理解」した。花嫁アンのスコットランドへの旅を阻んだ嵐は、サタンの力を操る者たちの仕業だと。この確信は、1590年5月に帰国した際も悪天候に悩まされたことで強められた。だが数週間後にデンマークからの報せが届かなければ、彼もすぐには行動を起こす決意をかためなかっただろう。デンマークの政情はその数年前のスコットランドの状況と似ており、幼王の名のもと、貴族たちが小競りあいを繰り返しながら

国を治めていた。1590年夏、宰相は政敵から糾弾を浴びせられた。その糾弾のひとつが、王女アンをろくな装備のない船に乗せて海に送り出し、危険にさらしたというものだった。宰相は難破しかけた原因は魔女にあると反論し、数人の女性を逮捕させ、そのうち少なくとも10人以上が処刑された。尋問で拷問を受けて誘導されるがままに自白した者もいたが、奇妙な活動や不可思議な力の憑依を自

発的に供述した者もいたと記録されている。こうした女性たちは超自然的な能力を持つことで知られ、自分たちはサタンと会い、王室護衛艦に悪霊を送り込んで大災害をもたらす許しを得たと供述した。

ジェームズ6世にとっては、自国で魔女狩りを開始するのに、これ以上の理由など必要なく、以降スコットランドの政治と迷信は一体となった。ボスウェルは今後の展開を知るために予

シェイクスピア著『マクベス』の3人の魔女を描いている。ジェームズ6世の魔女体験がもとになっている。

言者と称する魔女たちに頼ったが、このことが政敵に知られると、魔女たちは逮捕されて尋問を受け、嵐に王室護衛艦を襲わせて国王の命を奪うようボスウェルにそそのかされたと自供した。これは反逆と悪意ある魔術の二重の罪であり、ジェームズ6世は自然と超自然の力の一体化に戦慄した。今や公然と反旗を翻すボスウェルを王に忠誠を誓う軍隊が追ったが、いつもあと一歩のところで逃げられた。1595年、ボスウェルはヨーロッパ大陸に渡り、流浪の身のまま生涯を閉じた。

その間、ノース・バーウィックで魔女裁判が開かれ、センセーショナルな展開を迎えていた。ジェームズ6世はいくつかの尋問に立ち会い、闇の王との邂逅を語る首謀者たちの言葉を聞いた。彼女らの供述では、サタンはオールド・カークとノース・バーウィックで集まりを開き、

黒ガウンと長細い黒帽子をかぶって演台に座していた。くちばしのようにとがった鼻とぎらぎらとした目が何とも恐ろしかったという。指示を待ちきれない200人の信奉者たちが到着したが、なかには空を飛んできた者もいる。記録によれば、ジェームズ6世は当初こうした供述に懐疑的だったが、主な容疑者のひとりアグネス・サンプソン（のちに絞首の上に火刑に処された）の言葉を聞いて疑いが晴れたという。〔アグネスは〕ノルウェーのウプスロ〔オスロ〕で国王陛下と妃殿下の初夜に交わされた言葉、それぞれの受け答えを正確に口にした。国王陛下は心から不思議に思い、地獄の悪霊たちがこうしたことを知りうるとは考えもしなかったと神にかけて誓い、彼女の言葉が非常に正確であることを認め、すべての発言を信じるよう

になった。

ジェームズ6世が確信に傾いたのには、追従的な証言も影響したのかもしれない。なぜ王には悪魔の力が通用しないのかとの問いに、アグネスはサタンの言葉として「彼は神の人間だ。故意にまちがったことをせず、敬虔で公正で徳が高い」と答えた。この回答は、自分は神聖な義務を負っていると信じるジェームズ6世の心に響き、神の敵の言葉以上にこれを裏づける証拠はないと考えた。

1563年に妖術禁止令を犯したと疑われた者は凄惨な拷問を加えられたが、その結果「暴露」が続発した。容疑者は尋問者に取り入ろうと密告者に変身し、その結果、容疑が波及して告発や逮捕が急増。100人以上もの人が拘束された。ただ、こうした事態は恐怖を引き起こ

1597年に『悪魔学』と題された小冊子を刊行して、自らの英知の恩恵を民に施した。現代人の目にこの本は特異に映るかもしれないが、当時の空気をよく伝えていることは確かだ。そのほんの10年ほど前のドイツでは、読者に警戒を促す『ヨハン・ファウステン博士の物語(Historia Von D. Johann Fausten)』が匿名で刊行された。これは悪魔と契約を結んだある学者の物語で、マーロウは『悪魔学』とほぼ同じ時期に『ヨハン・ファウステン博士の物語』を芝居に仕立てて『フォースタス博士』を書きあげ、海軍大臣一座が上演した。だが誰もが魔女をめぐる狂乱に踊らされたわけではない。たとえば、地に足がついたケントの貴族であるレジナルド・スコットが1584年に記した『魔術の暴露』は、魔術の概念そのものを論破する書で、ジェームズ6世はスコットを誰よりも目の敵にした。

ジェームズ6世の『悪魔学』の論拠は聖書と伝承で、霊的力がぶつかりあう戦いについて考察した対話形式の書だ。王の関心はもっぱら魔女とその見分け方、処刑法にあり、法官たちに警告を発した。

「神が忌まわしい誤りとご自分への裏切りを打ち砕いて厳しい罰を科されようというのに、法官が〔魔女たちを〕助命して打ち負かさないのは、違法のみならず罪である」。

1603年にエリザベス1世が他界すると、ジェームズ6世はイングランドの王位も継承することになり、両国が彼の統治下に入った。以降、王は政治的好機に恵まれ、魔女への関心は徐々に薄れていった。1606年、シェイクスピアの『マクベス』がハンプトン・コート宮殿で上演された。この作品はスコットランド出身のジェームズ1世をたたえると同時に、彼の悪魔との戦いを支持した。前半で登場する3人の魔女の会話に、ジェームズ6世がほのめかしを感じなかったとは考えにくい。老婆たちはアレッポへ向かう船を襲う計画を話しあっている。

2人目の魔女:私は風を起こそう。
3人目の魔女:私も別の風を起こそう。
1人目の魔女:私は残りのすべてを起こそう。どの港にも(中略)風を吹かせよう。彼を干し草みたいに干からびせよう。彼の垂れたまぶたには夜も昼も眠りは訪れない。(中略)7晩、9週間の9倍、彼は困憊し、やつれて枯れて弱る。船は沈まずとも、風でもみくちゃにされるだろう。

スコットランド王ジェームズ6世(イングランド王ジェームズ1世)の肖像画。ダニエル・マイテンス、1621年。

しはしたが、陪審員が即座に有罪判決を下すとは限らなかったこと、さらに容疑者が無罪判決を受けた時にジェームズ6世が見せた憤怒は注目に値する。彼の頭のなかでは反逆罪と妖術が密接に結びついており、寛大な判決など背信行為も同然だった。彼は「判断を誤った」陪審員に、自分が悪魔の徒党の手先により殺されそうになったことを指摘し、悪との戦いを続行すると宣言した。

「余の治世で平和を享受するこの国の安寧のため、(中略)余はいつまでも変わらず前進し続ける。余がジェームズ・スチュアートで何千もの者を指揮できるからではない。神が余を王位に就け、正義の判断を下すよう定められたからである」という自らの言葉に忠実に王は、

スコットランドの プリッカーの1日

1648–77年スコットランド
魔女識別を生業とした者たち

スコットランドでは、悪魔と手を結んだ魔女には、神と洗礼を棄ててサタンに属していることを示す印があると信じられていた。容疑者を針で刺しても血が出なかったり痛がったりしないのも、魔女の印のひとつだ。もともと聖職者が針を刺して検査していたが、のちに聖職者以外の者も行うようになり、専門のプリッカーとして知られるようになる。影響力がありステータスの高い職業だったが、1677年頃から世論が変化するにつれ、その能力や権威に疑問が投げかけられ、徐々に衰退していった。

早起き

プリッカーは地域での仕事に忙殺されることもあったが、いつもそうとは限らなかった。評判がどの程度広がっていたか、誰からの依頼かによって、遠方に足をのばすこともあった。あるスコットランドのプリッカーは魔女容疑者の取り調べの協力要請を受けて、国境を越えたニューキャッスルまで出張した。

道具の管理

主な仕事道具は、その名の通り針だ。厚みのある刃物を使っていたと考えられがちだが、当時の資料によると、ピンのような細長く鋭利な道具を使っていたようで、真鍮製で長さ5-7cmと記録されている。必要に応じて検査結果を「操作」するために、先端を出したり引っ込めたりできる針についても言及されている。

エディンバラでは、プリッカーが到着するまで、容疑者は町のオールド・トールブースという施設に拘留されていた。

賄賂

針刺し検査は通常、容疑者の拘留先──町の監獄や、専用に設置された安全な部屋──で行われていた。容疑者がプリッカーに賄賂を渡して目をつぶってもらうこともあり、逆に特定の容疑者を有罪にするために現金がやり取りされる場合もあった。

針刺し検査

検査は証人立ちあいのもと行われていた。彼らの好奇心を満足させると同時に、公正さを確保するためだ。容疑者は少なくとも部分的に服を脱がされて、体中のあらゆるシミやあざに針を刺された。見逃しがないよう、髪の毛を剃られた者もいる。屈辱的かつスピーディーな作業で、1度の検査で30人もの容疑者が調べられることもあった。

魔女には悪魔の印があるとされ、印が見つかれば有罪宣告を受けた。

判定

シミなどに針を刺されても血が出なかったり痛がったりしない場合は、確実な悪霊の印とされ、サタンとの共謀はほぼまちがいないと判定された。印がひとつでも見つかれば、容疑者は有罪となり投獄され、ほとんどの場合処刑された。

支払い

プリッカーの仕事は高報酬で、1649年にベッシー・マスタートンという女性を検査したジョン・キンケイドには20マルク（1ポンド強。パン40個分の値段に相当）が支払われた。別のプリッカーは魔女を1人有罪にするごとに20シリングを得ていた。こうした仕組みは不正を促し、乱用されて容疑者を破滅させた。プリッカーが嫌われるようになったのにも、こうした要因がある。

保身

プリッカーは社会的には不安定な身分で、不服が申し立てられれば、厄介な状況に追い込まれかねない。ジョン・キンケイドは1662年に、立場を乱用しているとの訴えが多く寄せられたため、逮捕、投獄され、ジョージ・ケーシーも1650年に当局に召喚された。ふたりとも最終的にプリッカーの職を失った。

夜の祈り

運がよければ、プリッカーには出張先の宿が提供され、出張費が先払いされることもあった。地域の状況によっては、聖職者や役人との食事に招かれることもあったが、旅は長く、検査対象の魔女はたくさんいたので、就寝は早かった。

プリッカーは要請があれば、長距離出張もした。

Terror on Pendle Hill

ペンドル・ヒルの恐怖

魔女狩り王と呼ばれるイングランド王ジェームズ1世の時代、権力、迷信、内輪もめが美しいペンドル・ヒル地域を狂乱に投げ込み、多くの犠牲者を出した。

ペンドルの森には月の光が差していた。盲目の醜いふたりの老婆——デムダイク家とチャトックス家の女家長——が光に照らされて、ぶつぶつと呪文を唱えている。黒魔術で自在に人を呪ったり病気を治したりできる彼女たちの前では絶対安全な者などいない。邪悪な妖術の標的となるのは誰だろう、いつまで怯えて暮らさねばならないのかと、誰もが恐れていた。

ペンドルの魔女として知られることになる女性たちの裁判は、イングランドにおける最も有名な裁判だろう。裁判所書記官トマス・ポッツの『ランカスターの魔女の驚くべき発見 (The Wonderfull Discoverie of Witches in the Countie of Lancaster)』は、10人が処刑されたこの悲劇的事件を後世に伝え、何世紀にもわたって多くの人の好奇心や恐怖心を刺激した。陰鬱な1612年に一体何が起こったのだろう。そしてイングランド史上最大規模の魔女グループとされた女性たちは、なぜ処刑されねばならなかったのだろう。

オールド・デムダイクことエリザベス・サザーンズとマザー・チャトックスことアン・ウィットルは、昔からペンドル地域で暮らしていた。すっかり年老いて弱ってはいるが薬草や護符の扱いに長けていたため、近隣では有名で、家畜や子どもが病気になると頼りにされていた。だがその力の源は悪魔との共謀と言われ、ひどく恐れられてもいた。彼女たちはよい目的のためだけに力を用いたわけではなく、気に食わない者たちに害を及ぼすこともあり、そうした場合には恐ろしい結果が待っていた。マザー・チャトックスは自分を嘲笑したアン・ナッターという娘に腹を立て、お前に取り憑いてやると誓った。その後まもなく、アンは病気にかかって死んでしまった。オールド・デムダイクと口論になったリチャード・ボードウィンは、1年後に娘を亡くした。ジョン・ナッターはオールド・デムダイクに牛を治療してほしいと頼んだが、牛は逆に死んでしまった。

> 悪魔との契約で力を得たとして、ひどく恐れられていたふたりの女性がいた

「妖術は一族の生業であり、
　世代から世代へと受け継がれていった」

人々の記憶のなかで永久に1612年の悲劇と結びつけられたペンドル・ヒル。

事実？
フィクション？

同時代のトマス・ポッツが記した『ランカスターの魔女の驚くべき発見』は、1612年に起きたこの事件の主要資料とされた。一方、ペンドル魔女裁判について一般に知られている多くのことは、オールド・デムダイク、マザー・チャトックスの老婆とその一族の話をフィクション化して大きな反響を呼んだふたつの作品に由来する。ひとつは19世紀の作家ウィリアム・ハリソン・エインズワースの『ランカシャーの魔女（The Lancashire Witches）』、もうひとつはロバート・ニールの『ペンドルの霧（Mist Over Pendle）』だ。

現代にまで伝わる不正確な話の一部は、このふたつのフィクション作品に由来する。たとえば、アリス・ナッターがラフリー・ホールの名門の娘だとか、ペンドル・ヒルが事件の中心地だったとか〔実際は周辺地域〕、アリゾン・デヴァイスがアリス・ナッターの隠し子だったというセンセーショナルな話だ。こうしたエピソードは興味をそそりはするが、明らかなフィクションだ。それでも2作品の評判は衰えることなく、数世代にわたり広く読まれ、とりわけエインズワースの小説は長年にわたり大変な人気を博した。彼は40篇ほどの小説を発表したが、現代でも刊行されているのはこの本だけだ。こうしたフィクション作品は、多くの人がペンドルの魔女の真実を知るきっかけになった。

タイムライン

貧しい彼女たちはたびたび物乞いをせねばならず、社会的にも経済的にも底辺にいた。不吉な噂は彼女たちに威力を与えたが、彼女たちにとってこうした力は周囲を操るための数少ない手段のひとつだった。その呪文や護符が、今ではプロテスタント教徒王により禁じられている古いカトリックの祈りや儀式に由来していることなど、大した問題ではなかった。人々は彼女たちには驚異的な、あるいは恐ろしいことを起こす力があると信じ、彼女たちはそれを利用した。だが妖術や評判だけで身を守れはしない。

1612年3月、オールド・デムダイクの孫娘で18歳のアリゾン・デヴァイスは行商人のジョン・ローとすれ違い、お金はないけれどピンを分けてほしいと頼んだ。ジョンに断られたアリゾンは気を悪くして呪いの言葉を吐き、道を進んだ。彼女は知らなかったが、このあとジョンは落馬し、何とか近くの旅籠までたどり着いたものの寝込んでしまった。息子のアブラハムが父を迎えに来て、ようやく話せるまでに回復した父の言葉に気味悪げに耳を傾けた。父は、

> イングランドの魔女裁判では幼児の証言は珍しくなく、被告の子どもも証言させられ、両親は破滅した

自分は魔法にかけられた、魔法をかけた娘の居場所を知っていると言う。アブラハムはすぐにアリゾンを探し出し、発作を起こした父の枕元に連れて行った。ジョンの状態を目にしたアリゾンは膝をついて自分のせいだと赦しを乞い、呪ったことを認めた。事件はこれでおわらず、アブラハムが治安判事ロジャー・ノウェルに話を持っていくと、魔女狩りやオールド・デムダイクのような地域のトラブルメーカーの根絶に意欲的なノウェルは、すぐさまアリゾンを尋問にかけた。

恐怖にかられたのか、気安くしゃべったのかはさだかではないが、アリゾンは長々と語り、質問に細かく答え、祖母は確かに魔女だと請けあった。彼女はその2年前に、祖母に説得されて妖術の道に入り込んだという。約束の印として悪魔に体のどこかを吸わせただけで、あらゆる望みがかなえられるようになった。彼女はジョン・ナッターの牛の病気、友人のアン・ナッターの死、桶に入れておいたミルクがバターに変わったのも魔法の効果だと供述した。

さらに彼女は、マザー・チャトックスを名指

「ペンドル魔女裁判はイングランドでサバトの実在がはじめて "証明された" ケースだった」

転機
1598年、オールド・デムダイクの屈服

オールド・デムダイクは悪魔の誘惑に何年間か抵抗したが、娘に支払いを拒否したリチャード・ボードウィンに復讐しようと、悪霊を送り込んだ。ほぼ同時期に、オールド・デムダイクは友人のマザー・チャトックスことアン・ウィットルを魔術の道に誘った。当初マザー・チャトックスは首を縦に振らなかったが、しまいにはオールド・デムダイクを誘惑した悪魔ティブに右のあばらのあたりを吸わせることを承知した。こうしてふたりの悪名高き魔女が生まれた。だが新たな力を得たふたりはじきに競争相手となり、事態は複雑になっていった。

1592

1592年
妖術のはじまり
物乞いをしていたオールド・デムダイクがティブという悪霊に出会い、魂を渡せばどんな望みもかなえてやろうと持ちかけられるが、何もほしくないと答えて抵抗する。

1601年
デヴァイス家でトラブル発生
デヴァイスの家からリネン類や食料が盗まれ、後日、盗まれた衣類を着たマザー・チャトックスの娘ベッシー〔エリザベス・ウィットル〕が目撃される。デヴァイス家の女たちは盗まれたものを取り返した。

1601年
デヴァイスとマザー・チャトックスが協定を結ぶ
ジョン・デヴァイスは義母のライバルを警戒して、マザー・チャトックスに年8ポンドの小麦粉を差し出すのと引き換えにデヴァイス家に手を出さないよう約束を交わした。

時期不明
ジョン・デヴァイスの死
ジョンは約束を守っていたが、ある時、小麦粉を差し出さなかった。すると彼は病気にかかり、落命した。生前に彼は、マザー・チャトックスが妖術を使って自分を陥れたと語った。

1612年3月18日
アリゾン・デヴァイスが行商人とすれ違う
ジョン・ローとすれ違ったアリゾンはピンを分けてほしいと頼んだが断られ、腹いせに呪いの言葉を吐いた。間もなく彼は発作を起こして倒れた。

1612年3月21日・29日
アリゾン・デヴァイスが告発される
ジョン・ローは自分がこんな状態になったのはアリゾンのせいだと非難した。彼女は罪を認め、ジョンの息子アブラハムは治安判事ロジャー・ノウェルに訴えた。

しして、祖母よりもたちが悪いと述べた。チャトックス家とデムダイク家は対立しており、マザー・チャトックスの力に恐れをなしたアリゾンの父ジョン・デヴァイスは、毎年、小麦粉を差し出す代わりに安全な暮らしを手に入れていた。小麦粉を渡していた間は比較的平和が保たれていたが、それは見せかけにすぎなかった。ある年、約束を守らなかったジョンは病気になり、死んでしまった。マザー・チャトックスが仕返しに罰を下したとアリゾンは断言した。マザー・チャトックスはジョン・ムーアの飲み物に魔法をかけ、彼の子どもを呪い殺した疑いもかけられた。牛に魔法をかけたと自分を非難したムーアへの仕返しだったのだろう。アリゾンによれば、マザー・チャトックスは彼の子どもが病死するようにと、粘土で子どもに似せた人形をつくり、乾燥させてから粉々に壊した。アン・ナッターが呪い殺されたのは、マザー・チャトックスが部屋に入ってきた時に嘲笑したからだった。当局はデムダイク家やチャトックス家に不利な情報を引き出すのに、アリゾンを誘導尋問にかけたのだろう。どのような取り決めや恫喝がなされたのかは記録されていないが、いずれにせよアリゾンはノウェルが期待した通りの忌まわしい回答を与えた。

同日、アリゾンの兄弟ジェームズもノウェルに尋問を受け、オールド・デムダイクが魔女であるこ

と、祖母の家の近くでこの世のものならぬおぞましい音を聞いたこと、そしてベッドに黒い怪物が現れて恐怖におののいたことを証言した。また、アリゾンがヘンリー・ブロックの子どもに魔法をかけるのにてこずったとも語った。数日後、こうした証言を根拠に、アリゾンとジェームズの母エリザベス・デヴァイスが尋問され、エリザベスもマザー・チャトックスも、彼女の娘のアン・レッドファーンも有罪宣告を受けることになった。同じ日に尋問を受けたマザー・チャトックスは自分が悪魔に仕える魔女であることを認め、ほかの者たちがすでに語ったことと同様の証言をした。その結果、オールド・デムダイク、マザー・チャトックス、アン・レッドファーン、アリゾンは逮捕され、ランカスター城に連行された。

逮捕の報に衝撃が走り、両家は柱である女家長を失った。オールド・デムダイク家はたまたま友人や一族の集まりを予定しており、聖金曜日にオールド・デムダイクが住むマルキン・タワーで集会が開かれるはずだった。集まりでは、アリゾンの使い魔を指名することになっていたが、彼女が投獄されていてはそれも無理だった。

のちの報告によれば、集会で焦点となったのはただ1点、仲間の解放だった。後日、出席者たちが取り調べで語ったところでは、ランカスター城に火を放つ計画が練られていたらしい。こ

ベンドル魔女裁判には、サバトや魔女集会など、それまでイングランドでは報告されてこなかったヨーロッパ大陸独特のディテールが数多く登場する。

ベンドル・ヒルはのちのフィクション作品とは違い、もともとのオールド・デムダイクとマザー・チャトックスの話には出てこない

転機
1612年の聖金曜日、マルキン・タワーでの集会
逮捕者の友人や身内は、オールド・デムダイクの家に集まって状況を検討した。ランカスター城に火薬で放火し、看守を殺害して仲間を助ける計画が話しあわれたとも言われている。ジェネット・プレストンは自分を魔術で告発しようとしたトマス・リスターに復讐しようと会合に出席し、名門出身と言われるアリス・ナッターも足を運んだ。彼らはジェームズ・デヴァイスが盗んできた羊をたらふく食べ、1年後に宴会を再び開く約束をして解散した。この報せはノウェルの耳に入り、さらなる逮捕者が出て、拘留者の数は12人にのぼった。

転機
1612年8月18・19日、子どもの証言
9歳のジェネット・デヴァイスが出廷させられ、祖母、母、身内、隣人への反対証言をさせられた。ノウェルと彼の部下たちにあらかじめ言い聞かせられていたジェネットの証言は、最悪の内容だった。彼女は家族が犯したとされる様々な罪をあげ、マルキン・タワーの集会に出席した者を名指しし、全員が有罪判決を受けた。彼女が何を言われて証言をしたのか、自分の言葉がどんな結果を引き起こすか理解していたのかは不明のままだ。

1612

● 1612年3月30日
アリゾン・デヴァイスが尋問される
ロジャー・ノウェルはリード・ホールの自宅で尋問を行い、アリゾンは自分も祖母もマザー・チャトックスも魔女で、祖母から魔女になるように言われたと述べた。

● 1612年4月2日
容疑者が逮捕される
アリゾン・デヴァイスと彼女の兄弟ジェームズの証言をもとに、オールド・デムダイク、マザー・チャトックスとアン・レッドファーン、アリゾン本人が逮捕され、ランカスター城に投獄された。

● 1612年7月27・29日
ジェネット・プレストンが処刑される
ジェネットがヨークで裁判にかけられる。トマス・リスター・シニアを呪い殺したかどで有罪判決を受けて絞首刑を言い渡され、2日後に処刑された。

● 1612年8月18日
魔女裁判
その他の容疑者たちはランカスターの夏の巡回裁判で裁かれ、自分の罪と共にそれぞれの罪も認めた。オールド・デムダイクは開廷前に獄死した。

● 1612年8月19日
判決
巡回裁判所で裁かれた被告のうち10人は、妖術で複数の人を殺したかどで絞首刑を言い渡された。マーガレット・ピアソンは死刑を免れ、禁固と4度のさらし刑に処された。

● 1612年8月20日
ベンドルの魔女の処刑
死刑が執行され、イングランド史上最も忌まわしい魔女の一例として語り継がれた。本の題材にもなり、のちにトマス・ポッツが長編『ランカスターの魔女の驚くべき発見』を書きあげた。

1612

火薬、反逆、陰謀

ペンドル魔女裁判の焦点のひとつとなったのが、アリゾン、オールド・デムダイク、マザー・チャトックス母子救出を目的としたランカスター城放火計画だった。この計画に世間は驚愕した。放火計画は、その数年前に王と議会を狙ったガイ・フォークスの火薬陰謀事件（未遂）にも劣らぬほど重大だった。真相はどうだったのか。ジェームズ1世も閣僚もエリート層も陰謀の兆しには敏感な上、当時、過激なカトリック教徒と魔女は二大脅威だった。公判を担当したブロムリー卿とアルサム判事にとっては、ペンドルの容疑者たちをカトリック教徒、魔女として演出できれば、王の意向にも沿い、都合がよかっただろう。ガイ・フォークスを地下室で拘束したトマス・ニヴィットに献呈されたポッツの著作にも、関係者は一致して、社会秩序、政治的安定性、妖術、ランカスターでの出来事を正当化する必要性を重視したと書かれている。

だが、容疑者たちは「計画」を実行するための火薬をどこで調達できたというのだろう。マルキン・タワーに集まった者たちが感情に任せてしゃべったのかもしれないし、幼いジェネット・デヴァイスはそうした言葉を前後関係から切り離して証言したのかもしれない。あるいは、ジェネットが影響されやすかったのか、尋問者の期待に沿おうとしたのか、家族を釈放すると交換条件を提示されたのかもしれない。

おそらく陰謀計画はあったのだろう。だが問題は、誰に対する陰謀だったかだ。

ガイ・フォークスの逮捕。ペンドルの魔女たちは火薬陰謀事件にヒントを得たのだろうか。あるいはこの陰謀同様、でっちあげだったのか。

デヴァイス家とチャトックス家は地域一帯の忌まわしい魔女ネットワークのリーダーに仕立てあげられた

ランカスター城。オールド・デムダイクは開廷前に、病気または虐待がもとで獄死した。

の重大な計画の目的はふたつ、囚人の救出と、人々から嫌われていた看守の殺害だった。

この悪質な集会の話は、直ちにノウェルの耳に入った。デムダイク家がまんまと彼の策略にはまったようにも見える。さらなる尋問が行われ、逮捕者が続出し、集会は脚色されて、それまでヨーロッパ大陸の話でしかなかったサバトに変化した。圧力にさらされて、家族や隣人のつながりは崩壊し、容疑者たちが自白して罪をなすりつけあうに従い、何年も前の糾弾や出来事が蒸し返された。そうしたなか、デヴァイス家とチャトックス家は地域一帯の忌まわしい魔女ネットワークのリーダーに仕立てあげられ、様々な子飼いの霊に指示を出し、気

に食わない者たちに危害を加えていると言われた。ギスバーンのジェネット・プレストンという女性は集会に参加し、巡回裁判で自分を妖術で訴えようとしたトマス・リスターを殺す手助けをしてほしいと頼んだという。アリス・ナッターという女性も友人逮捕の知らせを受けて、親切心から会合に出席したが、後日逮捕された。ジェーンとジョン・ブルコックも、罪なき人々を苦しめる危険なグループのメンバーとして逮捕された。

容疑者たちは、お世辞にも衛生的とは言えないランカスター城の牢獄で、4か月の間みじめな生活を強いられた。オールド・デムダイクは耐えきれずに病気にかかり、ランカスターでの夏の巡回裁判を待たずに落命した。公判は8月18日に開かれ、エドワード・ブロムリー卿が判事を務めた。被告は傍聴人がごった返す法廷に順番に連れられたが、あまりの騒音に質問も聞こえず、まごつき、睡眠不足と悲惨な待遇で憔悴していた上に、一切の弁護を禁じられ、最初から勝ち目などなかった。オールド・デムダイク亡き今、非難の矛先は娘エリザベス・デヴァイスに集中し、グループのなかでも最悪の魔女に仕立てあげられて、その忌まわしい所業が白日の下にさらされた。報告には、ステレオタイプ的な魔女グループの様子が綴られている。年老いて目の見えないマザー・チャトックス、それぞれの目が別の方向を見ている斜視のエリザベス・デヴァイス、精神的にも肉体的にも貧弱で、尋問に耐えることもはっきりと話すこともできないジェームズ・デヴァイス。中身からしても外見からしても、彼らが悪魔の仲間であることにまちがいはない。

悪魔との契約、魔的なイメージ、サバト、まじないは群衆の目を釘づけにし、新たな証拠が提出されるたびに、妖術の罪だけでなく宗教的にも社会的にも彼らが不穏分子であることが明らかにされていった。当局には希望通りの結果を確保するための奥の手があった。9歳のジェネット・デヴァイスだ。アリゾンの証言をきっかけに全員が有罪判決のスパイラルに巻き込まれたが、幼いジェネットの証言は彼らの運命にとどめを刺した。周囲を見たり見られたりするには背が小さすぎた彼女は、最大限の効果を狙って机の上に乗せられ、マルキ

ン・タワーにいた者を特定し、その目的を語って家族や隣人の不利になる証言をした。証言が進むにつれ、エリザベス・デヴァイスは取り乱し、悲惨な結末を予想して、娘に向かって叫んだ。その勢いに娘は狼狽したが、それがエリザベスのよこしまな性質のさらなる証拠だとされた。母が退廷させられた時も、娘はまだ証言をし続けていた。その日のうちに、マザー・チャトックス、エリザベスとジェームズ・デヴァイスは妖術を使ったいくつもの殺人のかどで有罪判決を受けた。幸運にも、マザー・チャトックスの娘アン・レッドファーンにかけられていたロバート・ナッター殺害の容疑は晴れた。翌日にはさらにア

リゾン・デヴァイス、アリス・ナッター、ジェーンとジョン・ブルコック、キャサリン・ヒューイット、イゾベル・ロベイらの有罪が確定し、死刑が宣告された。前日に無罪の宣告を受けたアン・レッドファーンも運がつきて、クリストファー・ナッター殺害の罪で告訴され、有罪が確定。他の者たちと共に絞首刑を言い渡された。ジェネット・プレストンはヨークシャーの故郷に戻されたが、妖術でトマス・リスター・シニアを殺したかどで告訴された。裁判では有罪が確定し、7月29日に死刑が執行された。他の者たちは8月20日に処刑され、イングランド史上最悪の魔女伝説として語り継がれた。

> イングランドの法では容疑者の拷問は違法だが、ジェームズ・デヴァイスは拷問され、自白を強要されたという意見もある

アリス・ナッターを追悼する彫像。ペンドル魔女裁判の不正を明らかにし、1612年の出来事を忘れないようにと訴えている。

© Corbis/Alamy

85

Home of a Cunning Woman

カニング
ウーマン
の家

17 世紀イングランドの
カニングフォークの治療道具

力ニングフォーク〔男性はカニングマン、女性はカニングウーマンとも呼ばれる。ワイズフォークともいう〕と呼ばれる、イングランドで民間呪術を職業とする人々は、遅くとも 14 世紀には存在しており、17 世紀には人々の生活で重要な役割を担っていた。彼らを頼りにする人たちからはありがたがられ、当時の論客からは疫病神のごとく疎まれ、一部の地域では、10 マイルも進めば必ず現役のカニングフォークとすれ違うと言われていたほどなじみ深い存在だった。

彼らの治癒能力はよく知られており、病人が出るたびに呼ばれていた。子どもがほしい女性や、将来の結婚相手を知りたい好奇心旺盛な女性には、恋愛魔術が人気だった。盗人を突きとめたい、盗まれたものを取り返したい、宝の隠し場所を知りたいと頼ってくる人もいた。しばしば魔女と混同されたが、魔女とは対立する存在だ。最も多かった依頼のひとつが、魔法にかけられたかどうか診断したり、呪いを解いたりすることだった。カニングフォークは魔女とは違って、当局から熱心に追及されることもなく、宝の場所の特定など一部の行為は妖術禁止令の定める罰則対象だったものの、重大な事態になることはなかった。それでもカニングウーマンと魔女の境界はしばしば曖昧で、ひとたび人々の反感を買えば厄介なことになりかねなかった。

大切な参考書
ほとんどのカニングフォークはある程度読み書きができ、相談を持ちかける方も、カニングフォークの家になら様々な本やグリモワール〔魔術の手引書〕があって、それを参考にしながら話を聞いてくれるだろうと考えていた。実際のところ、そうした本の内容をカニングフォークがしっかりと把握していたかどうかは怪しい。参考書はラテン語で書かれていることが多く、いろいろなシンボルや図形が掲載されており、数学書から聖書などの宗教的書物まで幅広いジャンルにわたっていた。

カニングフォークに
関する情報源
16 世紀以降のカニングフォークの仕事や活動についての情報は多岐にわたり、矛盾していることもある。レジナルド・スコット、ジョン・メルトン、トマス・クーパーなど当時の論客は、自分たちの地域で活動しているカニングフォークについて個人的な経験や考えを書き残した。こうした文書のほか、裁判記録、新聞、パンフレットも豊富な情報源だ。

鏡やガラス
腕のよいカニングウーマンは、悩みを抱える相談者自身に答えを見つけさせるすべを心得ていた。泥棒や魔法をかけた者を特定するのに、カニングウーマンは相談者に、鏡の反射面をのぞき込んで何（または誰）が見えるかを聞いていた。相談者が加害者に見当をつけている場合は、さらに効果的だった。

ウィッチボトル
相談者に魔法がかけられていると診断されれば、カニングウーマンはウィッチボトルで対処した。これはいわゆる「魔女」と直接対決するよりも安全な対処法で、たいてい土器でできた瓶に相談者の尿、毛、爪切り、針、とげや釘を入れる。密閉したら土に埋めるか熱をかけて魔女を苦しめ、相談者に及ぼしている支配力を解くように仕向ける。

護符
カニングウーマンは護身やトラブル回避を頼まれることが多く、護符を授けていた。護符は誰もが知る聖書の短い一節から手の込んだ守護祈願まで様々で、本人が身につけたり、家に隠したりしていた。

聖書と鍵
泥棒や加害者を特定するのにカニングウーマンがよく使っていた方法は次の通り。まず心あたりのある数人の名を紙に書き、順に鍵の端に結びつける。聖書を開いて（たいてい旧約聖書『詩篇』一篇）、鍵を置いてから聖句を音読する。紙に名前が書かれている者が犯人なら、聖書が揺れて鍵がひっくり返るという。

薬草などの植物

カニングウーマンの道具箱に必須のアイテムで、日常のいろいろな場面で使われていた。薬草は、一般的な医療でも治らなかった患者のための根本治療に使われた。セイヨウオトギリ、ローズマリー、セージ、ゲッケイジュなどの薬草は、呪詛の阻止に使われた。

長衣

たまたまだったのか意図的だったのか、多くのカニングフォークは奇妙な外見や服装など、それらしい格好をしていた。人気のあるカニングフォークのなかには、不思議な記号やシンボルをあしらった長衣を着たり、エキセントリックな帽子など目立つアクセサリーを身につけたりする者がいた。

支払い

一般的な魔法使いとは違って、カニングウーマンにとってこうした活動は仕事であり、現金やその他の方法で報酬を得ていた。占いの報酬は1回で数ペンスだが、盗難品探しなら、数シリングの儲けになることもあった。

別の仕事

ほとんどのカニングフォークは、魔術の仕事のほかに世俗的な仕事も持っていた。カニングフォークの仕事だけで生計が立てられなかったわけではなく、むしろ一般の仕事よりも儲けはよかったが、体面を保つために普通の仕事もしている場合が多かった。

ふるいと大ばさみ

カニングウーマンに寄せられる依頼で最も多かったもののひとつが紛失品や盗難品探しで、宝探しを依頼する冒険心に富んだ者もいた。ふるいと大ばさみはこうした作業におなじみの道具で、大ばさみの先にふるいを乗せてバランスを取る。盗人とそれ以外の人の名を順番に呼んでいくと、盗人の名前のところでふるいが回転する。

The Ghoul
Next Door

身近な亡霊

カニングフォークとその魔力は、
ヨーロッパ各地であがめられ恐れられながらも、
日常生活の一部をなしていた。
魔女を標的にした新たな波にのまれるまでは。

ス　コットランド女性イソベル・シンクレアは妖精たちと話して、ハロウィンの日に畜牛に危害が加えられないように布と体毛を使って守ったと認めた。これで彼女の運命は決まった。彼女は1633年に魔女として裁かれ、絞首刑に処された。だがほんの1世紀前なら、彼女のような人物は罰されることも注意を引くこともなかっただろう。イソベルは幾千もの男女が何世紀も前からたどってきた道を進んだだけだ。カニングフォークやワイズフォークと呼ばれる者たちは、ローマ時代からあちこちの敬虔な共同体の一員として白魔術を実践してきた。カニングフォークは病気やけがを治療し、助言を与え、人や家畜を保護した。だが16世紀から17世紀にかけて宗教組織が変化を起こし、妖術への恐れが広がるにつれ、白魔術と不吉な黒魔術の境界が曖昧になり、かつて彼らが我が家と呼んだ地からは、身近な亡霊のための場所が消えていった。チューダー朝イングランドでは魔術は広く実践され、イングランドの高名な司教ヒュー・ラティマーは1552年に声高に、「多くの者が問題を抱えたり、病気になったり、何かをなくしたりすると、あちらこちらを駆けまわって、賢人と呼ばれる魔女に頼る」と苦言を呈した。どの魔女やカニングフォークに頼ればよいか知らない者はいなかったと言っても過言ではない。これはヨーロッパ各地について言えることで、彼らは共同体にしっかりと根を張り、敬われ、恐れられていた。科学だけでは様々な事柄に説明がつかなかった時代、彼らの賢明さは力だった。兄弟のうち7番目の男の子の

> 尿や体毛などを瓶に入れた護符は魔女から持ち主を守り、瓶を埋めたり燃やしたりすると、魔女が苦しむこともあった

そのまた7番目の男の子には甲状腺腫や瘰癧（るいれき）を治す力があると言われ、特別な力は生まれつきのものと考えられていた。同時に、カニングフォークという身分は誰にでも開かれており、あるカニングフォークから、その人に選ばれた後継者へと力が受け継がれていく場合もあった。魔術を学びたい者、挑戦したい者には、カニングフォークとして名声を確立するチャンスがあった。1605年にフランスのルーアンで羊飼い、薬剤師、人夫が裁かれた判例は、魔術を行っていた人々の層を示している。カニングフォークはあらゆる職業の人々からなり、共同体の中心で活動していた者も少なくなかった。

彼らのまじないに効果があったか否かは大した問題ではない。カニングフォークだと認められれば、日常的に相談を受けることになる。彼らはしばしば金銭ではなく、ステータスのために相談にのっており、ライバルに客を取られないよう、値段設定を低くしていた。彼らはよいことのために力を使ってはいても、うさんくさげに見られていたので、詐欺を働いているとか弱者から金を巻きあげているなどと非難されないよう最低限の報酬しか取らず、まったく金銭を受け取らなかった者もいる。アン・ジェフリーはコーンウェルで召使をしていた10代の女の子で、1645年に重病にかかったが回復した。回復したのは病気の時に妖精が訪れたからだと、人々は噂しあった。間もなく、アンに触ってもらうと病気が治ると言われるようになった。こうして地域の有名人になったものの、彼女は決して金を受け取ろうとはしなかった。

15・16世紀のドイツでは、魔女への恐怖が増大した。ハンス・バルドゥングによるこの絵には、魔女たちが行っていたとされる様々なおぞましい行為が描かれている。

「白魔女の言葉は地域に大きな影響を及ぼしていたが、そうした影響力は多分に恐怖からきていた」

出して相談者に見せたり、水晶玉を使ったりしていたとの記録が残っている。地域のカニングフォークに相談がいったという情報だけで、盗人が恐れをなして盗品を返しにくることもあった。よい目的に使われてはいても、彼らの力はそれほど恐れられていたのだ。白魔女の言葉は地域に大きな影響を及ぼしていたが、そうした影響力は多分に恐怖からきていた。詰まるところ、カニングフォークは治癒や予言の能力を持っていると信じられており、その力ゆえに広く知られていた。こうした力が復讐に働くこともあり、その標的になることだけは避けたいと誰もが思っていた。

恋愛魔術も人気で、人々は結婚相手探しや、冷めてしまった愛情を取り戻すのに白魔術に頼った。特にカニングウーマンは妊娠や出産の相談にのり、出産に立ち会ったり、出産後の女性をフォローしたりしていた。白魔女には悪意ある魔女たちを見分ける能力があるとも信じられていた。当時、病気は呪詛の印とされ、相談者たちは、治療法はもちろん呪詛の主を知りたがったが、白魔女が特定の者の名を挙げることはほとんどなかった。その代わり、犯人を被害者の家に引き寄せるための儀式の手順を伝えたり、特定の時間に会った人が犯人だと教えたりしていた。だが16世紀末から17世紀初頭にかけて、白魔術で糾弾される危険が急激に高まった。

1400年代以降急速に、あらゆる形態の魔術に、今までとは違ったまなざしが向けられるようになる。初期キリスト教会は魔術も妖術も妄想としたが、中世の聖職者たちは再びこれに注目した。ドイツの聖職者ハインリヒ・クラーマーは、魔女は社会とキリスト教徒を実際に脅かしていると考え、1486年に刊行した『魔女に与える鉄槌』で妖術は実在し、異端であると論じて、その後300年間にわたって影響を及ぼした。

> **16世紀のエセックスでは妖術は窃盗に次ぐ犯罪件数を記録した**

アンが引っ張りだこになったのはごく自然な成り行きで、カニングフォークは人間や家畜が病気になった時に頼りにされることが多かった。彼らのまじないや護符には、お世辞にも高度とは言えない当時の医学に劣らぬ効果があるとされていた。治療では病人にまじないをつぶやいたり、走り書きしたメッセージを病人の上に置いたりしていた。こうした言葉は古ラテン語から派生したものが多く、読み書きができない多くの患者は内容を読めなかった。護符に

は祈りのような言葉が記されているものもあり、サマセットのジェーン・ハウは、神の力による止血法などをメモしていた。触ることによる治療や、薬草や植物を使った治療もヨーロッパ中に普及しており、白魔術と植物を用いる伝統医療との近さがうかがえるが、カニングフォークは、治癒は魔術の力のなせるわざだと主張していた。

盗難品を取り返すなど犯罪の解決を要請されることもあり、容疑者の姿をガラスや鏡に映し

魔女はなぜいつも女性なのか

醜い老婆というのが魔女の典型だ。現代でも魔女と言えば、おとぎ話に出てくる老いた魔女を思い浮かべるだろう。裁判記録によれば、ヨーロッパ各地で妖術使いとして告発された者の多くは女性だったが、白魔術師やカニングフォークのなかには多数の男性も含まれていたようだ。だがあらゆる形態の異端根絶に熱心に取り組む教会が標的にしたのは女性だ。

15世紀以降、女性たちは魔の誘惑に弱い存在とされ、色狂いで手のつけようのない愚者だと考えられるようになった。悪魔学を著した聖職者たちは、悪魔に誘惑されて忌まわしいどんちゃん騒ぎに加わる淫乱な女性に言及している。

のちの宗教改革者たちも同様で、マルティン・ルターは、女性は脆弱なので簡単に魔の約束に惑わされると論じた。16世紀から17世紀の妖術使いはたいてい女性で、男性は現行犯で捕まっても、魔女によって闇の世界に誘い込まれたのだと考えられた。だが迫害の嵐がやみ、妖術が告訴対象でなくなると、女性と同じくらいの数の男性が地域共同体のカニングフォークとして再び記録されるようになった。

白魔女やカニングフォークは恋愛魔術も行っていた。

彼は魔女を追跡し、必要に応じて拷問で自白を引き出し、死に至らしめるべきだと考えていた。他者に危害を与えるために魔法を使う黒魔女はすでに逮捕対象だったが、今やすべての魔女がよこしまだと考えられるようになった。世間は彼女らの力に不信の目を向け、魔女は悪魔の徒党であり、忌まわしい儀式に参加しているとの考えが広まった。

数十年もすると、南ドイツの聖職者たちによる大がかりな魔女狩りが実行され、他国にも広がった。16世紀末のトリーアで大司教選帝侯ヨハン・フォン・シェーネンベルクによる

> 白魔女やカニングフォークはウィザード（妖術使い）、ブレッシングウィッチ（祝福の魔女）、エンチャンター（魔術師）、チャーマー（魔法使い）など様々な名で呼ばれていた

魔女迫害を生き抜いたのは、ふたつの村の住人ふたりだけで、あとは全員妖術使いとして処刑された。ロレーヌの判事ニコラ・レミーは、たった10年で900人もの人を魔女として処刑したと述べている。裁判記録によれば、被告に向けられた糾弾のほとんどが、以前ならごく普通と考えられていた魔女だが、多くの者が強制されたり脅されたりして、より不吉な魔術を自白した。自分を魔女だと認めた者は、別の者を魔女だと名指しした。1592年、エセックスのセント・オシスで逮捕されたアーシュラ・ケンプは、幼児と義姉

妹の命を奪うために妖術を使ったことを認めたが、ほかの者たちも魔女だと名指しした。その後、逮捕された者たちはおぞましい罪を告白した。

妖術をめぐるヒステリーがヨーロッパを席巻しはじめた。助産術など、カニングウーマンの仕事が迫害されるようになり、特に魔女が幼児の脂肪分を使って飛行幻覚をもたらす軟膏をつくっているとの噂が流れると、状況はさらに悪化した。1669年、67歳の産婆アナ・エベラーが、ドイツのアウグスブルクで絞首刑に処される。罪状は、出産直後の女性にスープを飲ませて殺したことだ。イングランドでも魔女狩り人が登場し、判官を自称して町から町へと魔女容疑者を捜索し、裁判所に引き渡しては報酬を得ていた。

16世紀から17世紀のヨーロッパにおける魔女狩りで、記録上は少なくとも4万人が処刑されたと言われるが、さらに多くの人が裁判を待つ間に獄死し、あるいは恐怖にかられて自ら命を絶ったと推定される。啓蒙の世紀と呼ばれる18世紀になる頃には、妖術は犯罪記録から姿を消しはじめるが、白魔女の追及の口実となった古くからの風習も力を失うことになる。老婆の話や民話はまだ残ってはいたが、かつて身近な亡霊が実際の力を振るっていた時代の残像にすぎない。

「魔女は悪魔の徒党であり、忌まわしい儀式に参加しているとの考えが広まった」

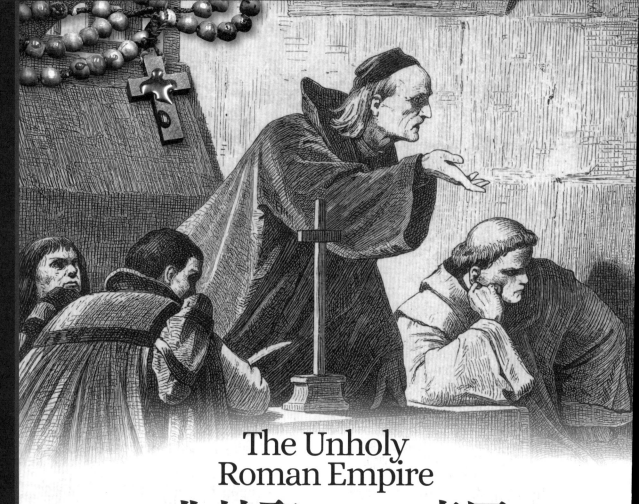

The Unholy
Roman Empire

非神聖ローマ帝国

**宗教騒動、紛争、権力乱用が絡まりあって、
ドイツの国々はヨーロッパにおける魔女狩りの中心地となっていった。**

ルネサンス期は芸術の追及と科学的思考がヨーロッパで開花した時代と考えられている。ミケランジェロ、ニュートン、デカルトなど歴史上最も偉大な芸術家、科学者、哲学者が幾人も活躍し、人類の知の進歩に貢献した。だが同時に進歩は疑惑の色を帯び、人々は熱心に錬金術などのいかさまな科学を追求した。ヨーロッパ史における開明的な時代に、主に神聖ローマ帝国で大がかりな魔女狩りが進行したことは奇妙に思える。戦争、飢饉、宗教的かつ社会的激動が絡まりあって、疑惑とヒステリーの醸成に理想的な環境ができあがった。こうして起こったパニックを通じて、共同体に降りかかる災難への対

処法として超自然が利用されることになり、スケープゴートを求める者たちは、悪魔と手を組んだ神をも恐れぬ魔女を標的にした。
このような現象は1480年代から1680年代にかけてパンデミックのごとく猛威を振るい、老婆を中心とする何万もの人々が処刑された。彼らは魔術を使った、悪魔の背に乗って空を飛んで魔女の夜会に行った、様々な厄災をもたらしたと糾弾され、キリスト教会と国の深刻な脅威と考えられた。神聖ローマ帝国では多くの公国が司教領主に治められており、聖職者兼有力政治家が92人もいたため、教会と国家はほぼ一体だったと言っても過言ではない。これはローマ帝国の政体の名残でもある。

芸術、科学、批判精神が息を吹き返したヨーロッパ大陸で、なぜ突如として、暴力、殺戮、激しいヒステリーが吹き荒れるようになったのだろう。
きっかけはヨーロッパにおける根本的な社会と経済の構造の変化だった。15世紀に入る頃には、それまで何世紀もの間ヨーロッパの生活基盤だった農村共同体が変化しはじめていた。以前は共同体が一丸となり必死に生き抜こうとしていたが、一部の人々が富を手にするにつれ、複数の社会層からなる共同体が形成された。土地は区画整備されて、多くの農民が都市や町に移動を余儀なくされ、農村の感性や考え方を持ち込んだ。貧困も魔女をめぐるヒス

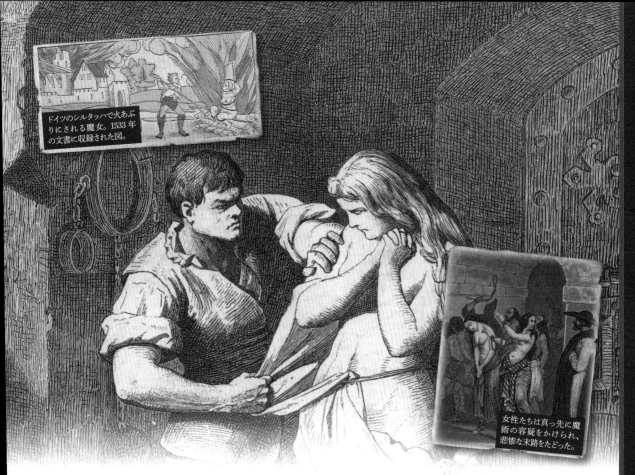

ドイツのシルタッハで火あぶりにされる魔女。1533年の文書に収録された図。

女性たちは真っ先に魔術の容疑をかけられ、悲惨な末路をたどった。

「魔女裁判に向けた 経済的かつ宗教的環境が整った」

テリーを引き起こした要因のひとつだ。昔から物乞いは社会のはみ出し者だったが、社会に富が蓄積されるにつれ、目の敵にされるようになった。16世紀において、貧困と老いは恥辱だった。魔女狩りの犠牲者の多くが女性だったのにはこうした背景がある。現在でも魔女と言えば、背中の曲がった老婆というのが定番だ。

魔女、ユダヤ人、ハンセン病患者といった特定のグループに対する迫害は、司教領主が権力を行使する手段だった。宗教と政府という非神聖な組みあわせにより、司教領主は農民を意のままに動かすための霊的かつ合法的権利を手に入れた。刑の執行は、罪人に共同体に対する罪を公衆の面前で認めさせることと、死刑にならなかった罪人に教会への復帰を認めてポジティブな

> 錬金術は卑金属を黄金に変え、あらゆる病気の治療法を見つけることを目的としていた

イメージを植えつけることで、統治者としての権力を二重に誇示した。

プロテスタント教徒による宗教改革はヨーロッパ史の一大事件だが、魔女狩りの炎をさらにあおった最大の要因のひとつでもある。多くの人々が抱いていた神、神が人類に備えた計画、死後について知っているとの確信は、一夜にして崩壊した。かつてはたったひとつの大きな教義が存在したが、今では神の言葉が幾通りにも解釈されるようになった。突如として誰もが自分の意見を持ちはじめて共同体がふたつに割れるのを目にした人々は、どれほどの恐怖と不安にさいなまれたことだろう。

新たな教会分裂はヨーロッパ史上最悪の紛争をもたらし、神聖ローマ帝国全域を荒廃させ

た。すなわち三十年戦争だ。こうした変化と破壊がもたらした恐怖や不安は、はけ口を求めた。それには妖術使い、特に女性が格好のスケープゴートだ。長年にわたる戦争はヨーロッパ大陸を打ちのめし、男性は徴兵されて、男性の数は激減した。そのため中年以上の男性と女性の人口比率が崩れ、女性は共同体のはみ出し者となり、怪しげな職業は非難の的になった。産婆術や薬草を用いた治療に必要とされる知識は、経験の乏しい者には黒魔術のように見えた。

こうして魔女裁判に向けた経済的かつ宗教的環境が整ったが、非難の口実が欠けていた。そこで注目されたのが妖術だ。魔女はサタンの指示を受けて動いていると考えられており、恐怖は魔女狩りの手引書『魔女に与える鉄槌』を生んだが、神聖ローマ帝国各地の魔女狩り人はこの書を参考に黒魔術の実践者を特定し、罰した。教会は黒魔術と妖術を信者の生活を脅かす明白かつ差し迫った危険と認め、神聖ローマ帝国の統治者たちは大規模なヒステリーにつけ込んで権力を握り、政敵を倒そうとした。

渦巻くカオス

強迫観念と迫害の嵐が起こり、
神聖ローマ帝国全体を襲った。

バンベルク魔女裁判

バンベルク、1609 - 31年

バンベルク魔女裁判では、町の有力者が徹底的に魔女を追及した。それまでは魔女よりもプロテスタント教徒が標的にされていたが、1609 - 22年まで司教領主を務めたヨハン・ゴットフリート・フォン・アシュハウゼンのもと、本格的に裁判が始動した。巷にヒステリーが広がり、凶作が追い打ちをかけ、占い師や妖術使いを断ずる法令が発布されると、魔女狩りの規模も拡大して、被害者は6人から300人に激増した。1623年に魔女火刑人、魔女狩り司教と呼ばれたヨハン・ゲオルク・フックス・フォン・ドルンハイムが司教領主に就任すると、度重なる不作も災いして、魔女裁判が過熱。情け容赦ない魔女狩り人ドルンハイムは、ドルデンハウスと呼ばれる魔女の拘束と拷問に特化した牢獄を建設した。

容疑者はあらゆる職業、身分の人々からなり、ライバル同士の有力な家柄出身の者もいれば、肉屋、パン屋、ビール醸造者などの商人もいた。魔法を使って食料に毒をしかけるという想像は民衆の間に広く浸透しており、こうした商売を手がける者に不信の目が向けられた。常のごとく、人夫、漁師、召使などの単純作業に従事する下層階級が標的になり、サバトに参加していると糾弾された。犠牲者は財産を没収され、統治者は懐を肥やしたが、大衆は誰もが糾弾されることに気がつき、利己主義が増大するのに反比例して迫害への欲望は弱まっていった。

スウェーデン軍が進軍して牢獄が閉鎖されると、苦難の時代に終止符が打たれた。ただし囚人は、過酷な体験を決して口外しないことを約束させられた。

容疑者
1000 人以上
有罪
900 人
処刑
約 900 人

レムゴー魔女裁判

リッペ、1628-37年

容疑者
約 110 人
有罪
84 人
処刑
約 84 人

ヴュルツブルク魔女裁判

ヴュルツブルク、1626 - 31年

17世紀初頭に帝国を襲った異常な魔女狩り熱の一例で、最も陰惨な裁判のひとつ。神聖ローマ帝国の多くの魔女狩り同様、この裁判も魔女迫害に熱心な司教領主フィリップ・アドルフ・フォン・エーレンベルクの指示により実行された。哀れな被害者のなかには、エーレンベルク自身の甥、19人のカトリック聖職者、7歳の幼児たちもおり、貧者だけでなくあらゆる階層の者が裁かれた。司教代理から友人に宛てた手紙には、おぞましい裁判の詳細が綴られている。「このあさましい件の最後には、悪魔と肉体関係を持ったとされる3歳から4歳までの子ども300人が糾弾されました。私は7歳の子、10、12、14、15歳の前途有望な子どもたちが処刑されるのを目にしました」。

多くの者が火刑に処されたが、炎による苦痛を避けるため、まず斬首されるのが普通だった。戦がヴュルツブルクに波及し、グスタフ2世アドルフ率いるスウェーデン軍が裁判を停止すると、ようやく殺戮は収まった。

容疑者
約 1000 人
有罪
900 人
処刑
約 900 人

バーデン
魔女裁判
バーデン、1627-32年

容疑者
244 人
有罪
231 人
処刑
231 人

トリーア魔女裁判
トリーア、1581-93年

容疑者
約 800 人
有罪
約 600 人
処刑
約 368-1000 人

この地域の農村部では魔女狩りが行われたが、トリーアでは1587年になるまで魔女裁判は開かれなかった。注目すべきは、この裁判がドイツ有数の規模だったことはもちろん、地域の大勢の女性を直撃したことだ。一連の裁判後、近隣の少なくともふたつの村では、生き残った女性はわずかひとりだった。

裁判を指揮したのは狂信的なイエズス会士の大司教選帝侯ヨハン・フォン・シェーネンベルクで、イエズス会への忠誠と献身を証明するため、プロテスタント教徒、ユダヤ人、魔女など、社会に有害と断じられたグループの絶滅を指示した。同時代の記録には「国を挙げて魔女撲滅に取り組んでいる」とあり、当初この動きは広く支持され、国を統治するエリート層や彼らの取引先（公証人、写本者、旅籠経営者など）は、商売や押収品などによってにわかに羽振りがよくなった。だが人々は厳格な司法制度にうんざりしはじめ、殺戮に反対する声も出てきた。その尖峰がディートリッヒ・フラーデで、拷問は自白を引き出すための有効な方法ではないとして、容疑者たちに同情を示した。だが大司教は納得せず、彼を拷問にかけ、妖術師として絞首の上に火刑に処し、権威に歯向かう者への見せしめとした。

テューリンゲン
魔女裁判
テューリンゲン、1590-1604年

容疑者
約 1500 人
有罪
約 500 人
処刑
500 人

フルダ魔女裁判
フルダ、1603-06年

容疑者
約 250 人
有罪
約 250 人
処刑
約 250 人

フルダの魔女裁判はわずか3年でおわったが、凄惨さは他所に引けを取らなかった。1602年、20年以上追放されていたバルタザール・フォン・デルンバッハが修道院長に就任した。彼は厳格な宗教教育を受けた頑迷なカトリック教徒だったが、反宗教改革でプロテスタント教徒を容赦なく弾圧したために追放されていた。修道院長に復帰後、粛清を再開し、1603年には妖術や魔術の追及に着手してフルダをカトリック教会のもとに奪回した。

フルダ魔女裁判で最も知られているのがメルガ・ビーンで、2度夫に先立たれ3度目の結婚でようやく身ごもったが、魔女狩りの第一波にのみ込まれて逮捕された。家族は抗議したが、本人は拷問で、悪魔の子を宿していると自白させられた。3番目の夫との結婚後14年間も子どもに恵まれなったため、この自白は信じるにたると思われたようだ。また、2番目の夫の土地を狙って殺害したことも認めた。家族は無実を主張したが、彼女もおなかの子も火刑に処された。1606年にデルンバッハが他界すると、民衆の血への欲望も満たされ、裁判は急速に終了した。

シュヴァーベン
魔女裁判
シュヴァーベン、1492-1711年

容疑者
約 600 人
有罪
528 人
処刑
406 人

狼の遠吠え
ドイツの人々を不安に陥れたのは魔女だけではない——

ドイツの農民は魔女だけでなく、荒地をさまよう狼人間の吐息にも戦慄した。狼人間は妖術同様、15世紀以降のヨーロッパで告発件数が激増し、1521年にはフランスで最初の裁判が記録されている。魔女と狼は非常に近い存在で、魔法使いは狼に変身する能力があり、犠牲者の肉を食いつくすと噂されていた。魔女裁判に比べて人狼裁判は根拠に乏しかったが、その恐怖と強迫観念のパターンは同じだ。

神聖ローマ帝国で最も有名なのが、ペーター・シュトゥンプが裁かれたベットブルク人狼裁判だ。ペーターは村で評判の裕福なやもめだったが、あ

る時、畜牛が死に、子どもたちが行方不明になった。拷問にかけられたペーターは自分には変身能力があり、子どもや妊婦を殺したと告白した。彼は12歳の時に悪魔からベルトを贈られて変身能力を得て、「闇夜で炎のように光る眼と鋭く非情な歯と力強い手足を持った、獲物を貪り食う狼」に変身できるようになった。

彼の処刑を描いた絵の生々しさは、当時の絵のなかでも群を抜いている。彼は車輪にくくりつけられ、赤く熱した釘抜きで肉が引き裂かれ、骨は鈍い斧で折られ、凄絶に苦しみ抜いた挙句、ようやく斬首された。

「悪魔と取引したなどと
言われようものなら恐ろしい結果
になることは明らかだった。
進んで認める者などいなかった」

『魔女に与える鉄槌』
魔女を特定し葬り去るための書

1484年、教皇インノケンティウス8世は勅書「限りなき願いをもって(*Summis desiderantes affectibus*)」で妖術の存在を認め、最も有名な魔女狩りの書『魔女に与える鉄槌』の出版への道が整えられた。イタリアとドイツの間を通る山々には、ずっと昔から共同体が隠遁生活を送っており、秘かに農民の異教に帰依していると噂されていた。そこでふたりの聖職者ヤーコプ・シュプレンガーとハインリヒ・クラーマーが調査に派遣され、帰郷後にペンを執った。

本は3部からなり、第一部では魔女の見分け方、第二部では魔女の法的な取り扱い方、第三部では魔女からの身の守り方を説明している。魔女に関する内容のほとんどはすでに何年も前から知られていたものだが、中世後期の女性嫌悪をめぐる精神分析学書とも言うべきこの本が、世に妖術を知らしめたことは確かだ。この本の原動力のひとつが男性の性的不能への恐れで、男性の抱いていた恐怖を明示している。この本は、身の毛もよだつような裁判や処刑を引き起こした熱狂を理解するヒントを与えてくれる。

BARCLAY'S DICTIONARY, WORD CONJURER.

裁判にかけられて処刑された妖術使いのほとんどは女性だったが、男性も魔女狩り人の標的になることがあった。告訴された者のうち男性は25％弱だが、神聖ローマ帝国で不運にも妖術で告訴されても、男性ならば処刑されるリスクはかなり低かった。告訴された女性のうち74％が処刑されたのに対し男性は64％で、拘置中の待遇もずっとよかった。『魔女に与える鉄槌』は魔女狩り人にはおなじみの手引書で、驚くほど露骨に女性を嫌悪し、妖術の原因は女性性器にあると非難した。待遇が多少マシとは言え、悪質な裁判は少なくなく、妖術使いジャックやザウベラージャックルなどの裁判では、多くの男性が迫害された。1678年から80年にかけて、「妖術使いジャック」ことヤコプ・コラーに従ったとして、150人が処刑された。ほとんどは物乞いをしていた若い男の子だった。ジャックの身元ははっきりせず、謎に包まれているが、物乞いに不親切な人々の呪い方を男の子たちに教えていたようだ。彼の話は広く語られるようになり、18世紀になっても裁判で言及されることもあった。

自白のツール
尋問者は様々なおぞましい方法を用いて
都合のよい自白を引き出していた——

魔女の容疑者から自白を引き出す最も簡単な方法は拷問だ。悪魔と取引したなどと言われようものなら恐ろしい結果になることは明らかだった。よって、進んで認める者などいなかった。容疑者はまず自供を促され、非協力的なら拷問をちらつかされ、それでも無罪を主張するなら拷問にかけられた。当然、拷問方法はおぞましく、けががもとでひどく衰弱した。やり方はたいてい単純だが、耐えがたい苦痛を引き起こす。万力に鋭くとがった金属片がつけられ、手の親指やつま先を押しつぶす。吊るし刑は一般的な拷問法で、容疑者を手首の関節のところで吊り下げ、苦痛をあえて長引かせるために、腕を背中側で縛った。

拷問で自白したほとんどの者は処刑された。魔女の処刑と言えば火刑を思い浮かべるが、斬首や絞首も一般的だった。「幸運な」犠牲者は火あぶりにされる前に絞首あるいは斬首されて、神と共同体の前で罪を償わされた。

好都合な自白を引き出すのに拷問は有効な方法ではあったが、強制されてしぼり出された告白はたいてい虚言だった。バンベルク魔女裁判の哀れな犠牲者ヨハネス・ユニウスが処刑前に娘に宛ててひそかに書いた手紙には、彼が味わわされたおぞましい苦痛が詳細に綴られ、潔白を訴えていた。拷問から逃れるために自白して死刑に処されたが、自白そのものが虚偽だった。

《魔女のサバト》（部分）
フランス・フランケン（子）、1610 年

フランス・フランケンは 1606 年から 10 年にかけ、《魔女のサバト》の題名でいくつもの作品を描いた。妖術を描いた本作品の特徴は、戸外や野原ではなく室内が舞台であることで、町や都市部に波及する妖術への警戒を呼びかけているようにも見える。幾人もの若い女性が描かれており、豪華な衣装の者もいれば、裸同然の者、魔女に軟膏を塗ってもらっている者、儀式を挙げている者など様々だ。頭蓋骨、魔法円、黒猫、大鍋、ヒキガエルなど妖術におなじみのものが周囲を取り巻いている。

The Dark Charisma of Matthew Hopkins

暗黒のカリスマ、
マシュー・ホプキンス

「17世紀に活動した自称『魔女狩り将軍』マシュー・ホプキンスは、
目をつけた者を悪魔の手先だとして片端から徹底的に追い詰めた」
歴史小説家デレク・ウィルソンとハリー・カニンガムの言葉

魔女を一心に迫害したホプキンスの短くも血なまぐさい経歴は、1640年代のイングランドが残酷で迷信深く、異常な魔女狩り熱が流行していたことの証だと考えられがちだ。だが実際には、ホプキンスの活動はその逆のことを示している。彼以外の熱心な魔女狩り人たちが知られていないのはなぜだろうか。それは、ほかにいなかったからだ。ホプキンスは唯一の魔女狩り人だった。しかし、彼が取るに足りない人物というわけではない。私たちは可能な限り、この一匹狼的な若者と、3年にわたる彼の活動を引き起こした特殊な状況を理解する必要がある。というのも、こうしたことは歴史上繰り返し起こるからだ。どの時代にも性格異常の扇動家が出現し、民衆に不安と偏見を植えつけ、社会の病禍の原因として特定のグループや個人をスケープゴートにする。被害者はユダヤ人、移民、政府、欧州連合、「地獄からやってきた隣人」など様々だが、それが誰であれ、この社会的な病の症状はほぼ同じだ。

だからこそ私たちも知らなくてはならない。マシュー・ホプキンスとは何者だったのか。そして私たちは彼から何を学べるのか。

ホプキンス（1620頃-47年）はサフォーク州グレート・ウェナムで、清教徒の牧師の家に生まれた。法律を学んだおかげで弁論術を磨き、妖術禁止令の理解を深めた。マニングツリーに住み、おそらく弁護士として働いていた彼は、1644年、10歳ほど年上のジョン・スターンと知りあった。スターンは大地主で、彼の方から積極的に動いてホプキンスと一緒に働くようになったようだ。ホプキンスの死から間もなく発表された弁明書のような本で、スターンは舌鋒鋭く妖術を糾弾し、「私はあくまでも、さらに満足を求める欲望を満たすつもりだ」と宣言した（『魔女の確証と発見 A Confirmation and Discovery of Witchcraft』）。前述の通り、魔女狩りの理論的根拠や動機について疑問の声があがったが、スターンはいくつもの聖句を引用しながら、サタンの集会はあらゆる犯罪のなかでも最も忌むべきものだと熱心に主張した。

> ホプキンスはジェームズ6世が記した『悪魔学』にヒントを得て、追及方法を編み出した

イングランドにおける最後の魔女
絞首刑は 1682 年に執行された。

懐疑主義

17 世紀、様々な妖術は広く信じられ、民間信仰の重要な要素でもあったが、少数ながらも分別のある人々がその実在に疑問を投げかけ、容疑者の処遇を糾弾した。そうした人々の数は増え続けた。すでに 1584 年にはレジナルド・スコットが『魔術の暴露』を著し、十字軍を思わせるホプキンスの活動の余波が冷めやらぬ頃でも、版を重ねた。ホプキンスに反論すべくペンを執って正面から立ち向かったのが、ハンティンドンシャーの清教徒の教区司祭ジョン・ガウル（1603 頃 -87 年）で、ホプキンスに尋問されるまでセント・ネオツで拘留されていた女性に面会したのち地方議員に危惧を伝え、『魔女と妖術をめぐる良心について (Select Cases of Conscience Touching Witches and Witchcraft)』で徹底的に論じた。さらに魔女狩り人を告発する一連の論を展開したため、ノーフォークの巡回裁判所の判事も真剣に検討し、ホプキンスとスターンへの反論は一層高まった。ガウルは妖術の実在を否定したわけではないが（聖書に書かれてある妖術を否定できるわけがなかった）、妖術追及に取り憑かれた人々を酷評した。いわく「彼らは、魔女は実在するだけでなく、あらゆるところにいる、シワだらけで眉が落ちてくぼみ、唇が毛深くで出っ歯で、斜視で金切り声で、あるいはがみがみうるさい老婆はみな容疑者であり、確実に魔女だという。新たな病気、突出した事故、自然の奇跡、めったにない芸術品、それどころかあらゆる不可思議な働きや神の裁きさえ、どれも妖術の行為あるいは影響とされ、魔女捜査人（イングランドにはそれまで存在しなかった）を派遣するに値するという。（中略）彼らの（利益をもたらす）技術は見かけほど発達していない」

こうした理性的な考え方は徐々に広がったが、1682 年までイングランドでは魔女とされると、絞首刑に処されていた。

スターンが魔女狩りの原動力とも言うべき存在なら、ホプキンスは表向きの存在だった。彼の名が急速に知られるようになったことから察するに、カリスマ性があって、人好きのする外見で、熱心で弁舌さわやかな若者だったのだろう。彼が書いた自己弁護的なパンフレットには、最初から魔女の正体を暴くつもりはなかったが、1644 年に自宅の近くで 6 週ごとに集会が開かれていることに気づいたという。地域の治安判事が出席者のひとりを審問した際、ホプキンスは証人として出廷した。2、3 晩ほど睡眠を禁じられていた容疑者は、「使い魔」を呼び出すよう圧力をかけられた。すると獣のような 5 人のグロテスクな怪物が現れた。そのうちのひとりはグレーハウンドに似ていて、雄牛のような頭をしていたが、ホプキンスに地獄へ戻れと命令されると、「頭部のない 4 歳の男の子」に変身して家の方に走り去り、ドアのところで消えた。容疑者は魔女の集会に来ていた者たちを名指しし、地元民 29 人が裁判にかけられて処刑された。ホプキンスによれば、マニングツリーで絞首刑に処されたうちの 4 人は、庭にいたホプキンスを襲撃するために悪魔

> ホプキンスは 1644 年から 46 年にかけて、約 300 人の女性を死に追いやったと言われている

を呼んだという。この話が広がると、ホプキンスはたちまち名をあげ、イースト・アングリア各地の当局がこぞって彼の協力を要請した。

この不可解な話をどう考えればよいだろう。集団妄想なのだろうか。ホプキンスと彼の協力者たちは、特別な理由から奇妙な茶番を演じたのだろうか。それとも数世紀後のインチキ「スピリチュアリスト」がしかけたようなトリックにだまされたのだろうか。この最後の仮説はありえないだろう。ペテン師の仕業なら、自分自身が処刑されるようなトリックをしかけるはずがないからだ。

400 年も前の出来事を理解しようと思うなら、まず偏見を捨てなければならない。私たちの住む懐疑的な世俗社会は、歴史的にも地理的にも少数派だ。昔から何らかの精神的世界は当然のように存在していたし、現在でも存在している。つまりシェイクスピアの『ハムレット』の言葉を借りれば、「天にも地にも私たちの知識では想像もしえないことが無数にある」ことを誰もが認識していたのだ。

農民、学のある人々、宗教指導者、神学者、哲学者、科学者の大多数は妖術の実在を信じ

「昔から何らかの精神的世界は当然のように存在していたし、現在でも存在している」

転機
1642 年、内戦
1642 年、国王が一切の譲歩を拒否すると議会と王室は内戦に突入し、政治的かつ社会的緊張が頂点に達した。ホプキンスの活動もこうした情勢の影響を受けたはずだ。

マシュー・ホプキンスのタイムライン

英国で最も悪名高き魔女狩り人の足跡

1620年代

1620 年代
幼少期
ホプキンスの幼少期に関する記録はほぼ残っていないが、サフォークのグレート・ウェナムで、牧師のジェームズ・ホプキンスの息子として生まれ、5 人の兄弟がいたことはわかっている。

1633 - 34 年
ランカスター魔女裁判
1634 年、かつて幼くして魔女告発の証言をしたジェネット・デヴァイスが、10 歳のエドモンド・ロビンソンから妖術で告発される。この件は枢密院と国王専属外科医の判断にゆだねられたのちに取り下げられたが、以後、未成年の証言が魔女裁判で本格的に採用されることになった。

1644 年
地獄から来た隣人
ホプキンスはエセックスの小さな町マニングツリーに引っ越した。町の空気は張りつめ、疑念に満ちていた。彼はある年配女性 ―― エリザベス・クラーク ―― に目をつけた。エリザベスは体が不自由だったが、ホプキンスから魔女と糾弾され、チェルムスフォードで絞首刑に処された。

1645 年
魔女パニックが広がる
ホプキンスはさらに精力的に魔女を狩った。7 月、エセックスでは 36 人が告訴され、19 人が処刑、9 人が獄死した。告訴された仲間を裏切って証言したひとりは処刑を免れた。これを皮切りに、エセックスで告発が多発し、ほぼ 500 件にのぼった。

17世紀、悪魔はリアルな脅威だった。

1647年、ホプキンス著『魔女の発見』が出版された。

ていた。「容疑者」自身も同様で、ホプキンスの犠牲者がおしなべて善良な正直者で、罪を着せられて処刑されたとの論法はあまりに単純だ。あなたが近所の人といがみあっていたら、近所の人から言葉や行動で罵倒されていると感じていたら、悪魔とその手先の存在を信じていたら、仕返しのために超自然の力に頼って当然ではないだろうか。自分と同じようにつまはじきにされている人がいたら、彼らに合流して助けあい、場合によっては強力な魔術をかけることもあるだろう。嫌がらせをしてくる人が突然不幸に見舞われたら、自分の呪いが効果を発揮したと悦に入りたくもなるだろう。

それでも、ホプキンスが行った過酷な追及に

> ジョン・スターンはホプキンスから助手に任命され、プリッカーとして活動した

は、それとは明らかに違う何かがある。彼が活動をはじめた頃には、魔女裁判はすでに勢いを失っていたが、そのあとさらに減速した。

加えて、魔女狩りの活動はしばしば反感を買った。ホプキンスとスターンによりピークを迎えた追及は、世の流れに逆行していたのだ。強い意志を持つふたりの人間が、世の中が悪魔の所業に「甘く」なってきていると断じ、これに怒って抗議したというのが最も現実に近いのではないだろうか。スターンの猛烈な所業は性格異常すれすれだ。

『魔女の発見』の扉絵。仲間を特定する魔女が描かれている。

● 1640年代
内戦下の司法
内戦中、司法制度に変化が生じた。巡回裁判は停止され、法的知識の足りない、あるいはまったくない治安判事が審理を担当することになった。

● 1647年
『魔女の発見』
魔女追及の手法を指南するホプキンスの著書は、はるかニューイングランドでも熱心に読まれたという。

● 1647年
国外での影響
ニューイングランドの清教徒入植民もホプキンスの手法にならった。コネティカット州ハートフォードでは、アルス・ヤングが薬草を調合しただけで、ミーティングハウス・スクエアで処刑された。

● 1647年8月12日
死去
マニングツリーで衰弱のため死亡し、埋葬された。

不満の種
1649年1月30日にチャールズ1世が処刑されると、イングランドは議会を擁する共和国となり、次いでオリヴァー・クロムウェルが実権を握った。イングランドの魔女裁判は失速したが、海の向こうのアメリカで偏執的な妖術熱が広がりはじめる。ニューイングランドでは1650年代に悪名高いセイラム魔女裁判が起きた。

汝、行うなかれ

16世紀から17世紀、清教徒は厳格な倫理規則に従い、神の定めた掟を中心に生活していた。

1. 汝、クリスマスを祝うなかれ

清教徒はクリスマスを、過剰な飲み食いやダンスをけしかけて「肉欲と官能の喜びを解放する」ものとして禁止した。内戦中にはロンドンでクリスマスに営業していた店が襲撃され、暴動が勃発。それでもクリスマス礼拝はひそかに挙げられていた。

2. 汝、迷信を軽視するなかれ

魔女も近世の無数の迷信のひとつだ。幸運をもたらす動物の骨を家に忘れた、ベッドのまちがった側から起きた、つまずいた、旅に出るのに忘れものをして家に戻った、パンとバターを落としたなど、いずれも縁起が悪いとされた。

3. 汝、カトリック教徒と打ち解けるなかれ

失敗におわった火薬陰謀事件後、カトリック教徒への不信感とヒステリーが著しく高まり、反カトリックのパンフレット、トランプ、詩が次々と出された。その多くは、陰にチャールズ1世とフランス出身(そしてカトリック教徒)の王妃ヘンリエッタ・マリアを標的にしていた。

4. 汝、薬を飲むなかれ

17世紀の医学は危険だった。人体に関する知識が乏しく、「やぶ医者」にだまされる危険があった上、しばしば魔術と医術の境が曖昧だったからだ。薬草で薬を調合しただけで処刑されることもあった。

5. 汝、劇場へ行くなかれ

内戦がはじまると劇場は閉鎖された。歴史的に暴動とつながりがあったためだろう(1601年のエセックス伯爵による反乱未遂事件と劇場のつながりは記憶に新しかった)。実権を握った清教徒は劇場を不道徳かつ売春の温床と断じ、閉鎖が最善策だと考えた。

6. 汝、メイポールのまわりで踊るなかれ

清教徒は、メイポールと呼ばれる象徴的な柱のまわりで踊る民族舞踊モリス・ダンスの伝統をふしだらと断じた。女性が森でメイポールを飾るための花を摘むことも、女性が森で何を「しでかす」か見張れないので、言語道断とされた。

7. 汝、スポーツを楽しむなかれ

スポーツはその他の集まり同様にうさんくさいものとされた。神の教えという観点から見れば、スポーツは不品行を促すものであり、さらに運動や競争で男性が「男色」行為に走る恐れがあると考えられた。そのため、多くの地方で競技が中止された。

8. 汝、スコットランドに言及するなかれ

スコットランドは共和制イングランドとうまくいかず、クロムウェルがイングランドを支配するようになると、長老派のカヴェナンター〔長老派はプロテスタント、カルヴァン派の流れを汲む一派。カヴェナンターは長老派の支持を盟約した人々〕が反乱を起こした。結果的にチャールズ2世がスコットランド王としてスクーンで戴冠したが、のちにクロムウェルが侵攻し、権力を握った。

9. 汝、アイルランドに言及するなかれ

近世、アイルランドは統制の及ばない無法地帯と言われていた。クロムウェルはイングランドに容赦なく猛攻をかけて制圧し、人口の大多数を占めるカトリック教徒に過酷な法を課し、多くの人をカリブ諸島送りにしてプランテーションで働かせた。

10. 汝、第五王国派に逆らうことなかれ

第五王国派は、神の審判に先立ちイエスが間もなく降臨して千年王国を開くと信じる終末論者の一派。彼らは1666年(聖書で666は獣の数字)に強く執着すると同時に、清教徒体制で要職を占めた。

A Brief Description
OF THE
Fifth Monarchy,
OR
KINGDOME,
That shortly is to come into the World.
The Monarch, Subjects, Officers, and
Lawes thereof, and the surpassing Glory, Am-
plitude, Unity, and Peace of that *Kingdome.*
When the Kingdome and Dominion, and the great-
nesse of the Kingdome under the whole Heaven shall be
given to the people, the Saints of the Most high, whose
Kingdome is an everlasting Kingdome, and all Soveraignes
shall serve and obey him.
And in the Conclusion there is added a Prognostick of the
time when the fifth Kingdome shall begin.

By WILLIAM ASPINWALL, N.E.

2 Pet. 3. 13. Neverthelesse, we according to his promise, look for New Hea-
vens, and a new Earth, wherein dwelleth righteousnesse.
Psal. 2. 10, 11, 12. Be wise therefore O yee Kings: be instructed yee Jud-
ges of the Earth. Serve the Lord with feare, and rejoyce with trembling.
Kisse the Son least he be angry, and yee perish from the way, when his wrath
is kindled but a little.
Psal. 76. 12. For, he will cut off the Spirit of Princes; he is terrible to the
Kings of the Earth.
Job 12. 21. He poureth contempt upon Princes: he is terrible to the Kings
of the Earth.

LONDON:
Printed by M. Simmons, and are to be sold by Livewel
Chapman, at the Crown in Popeshead Alley. 1653.

容疑者の多くはコルチェスター城に監禁され、尋問された。

ホプキンスの肖像。『魔女の発見』の1837年版より。

映画『ウィッチファインダージェネラル (Wichfinder General)』(1968年) の拷問シーンは、あまりにサディスティックなため、検閲で削除された。

「もうひとつの "絶対確実な" 検査では容疑者の体を傷つけ、出血が足りなければ悪魔に取り憑かれている証拠と見なした」

「魔女は悪魔を崇拝し、悪魔に訴え、悪魔の助けを必要とし、悪魔によって働き、忠誠を誓い、生贄をささげる。魔女が最悪の偶像崇拝者であるなら、死に値するのは当然であろう」。邪悪な者はきわめて狡猾に社会に影響を及ぼしている。「魔女などいない。いるのは、貧しく無知で不当にも絞首刑に処される多くの者で、私的な目的や利益のために処刑が利用されていることを明らかにしている」などという論は正さなければならないと、スターンは考えた。

ホプキンスも、金目あてで魔女探しの仕事をし

ているなどという糾弾に反証する必要を感じ、著書で自己弁護を試みた（著書は彼の死後に発表された）。彼は教区に赴いて尋問をするのは要請を受けた時だけで、1回あたり20シリング（1ポンド。ざっと農場労働者の給金の半年分に相当）しかもらっていないし、「3頭の馬を抱えて商売をするには」とても足りないと主張した。

1644年半ばから47年夏にかけて、スターン

とホプキンスが率いる異端審問の一団は行列を組んで、イースト・アングリア、近隣のベッドフォードシャーやノーサンプトンシャーの町々をまわった。移動サーカスのような行列には審問官はもちろん女性たちもいて、容疑者の身体検査を行った。彼らが捜していたのは「悪魔の印」で、3つ目の乳首やおかしな突出部——実際には単なるあざやほくろ、変色部——がないか丹念に調べた。もうひとつの「絶対確実な」検査では容疑者の体を傷つけ、出血が足りなければ悪魔に取り憑かれている証拠と見なした。水も用いられ、容疑者は椅子に縛りつけられて川や池に放り込まれる。浮いたら、水（洗礼のシンボル）に拒否された印だ。前述のよう

> アメリカの植民地で開かれた魔女裁判でもホプキンスの著書は影響力を強めていった

に、睡眠が禁止される拷問もあった。カトリック各国での異端裁判もそうだが、重要なのはどんな手段を使ってでも容疑者から自白を引き出すことだ。ヨーロッパ大陸の異端審問のやり口に最も近い方法がイングランドでとられたのが、この魔女裁判時代だ。だが1645年末に溺れさせる方法が違法とされるなど、当初からかなりの困難がつきまとった。

魔女裁判開廷の意義について、イングランドとヨーロッパ大陸の間には昔から大きな開きがあった。1604年以前の司法制度では悪意ある魔術や妖術で他人に害を加える行為に焦点があてられていたが、1604年の妖術禁止令により、イングランドも他国の考え方にならい、「いかなる意図、目的であろうと、悪魔や邪悪な霊に伺いを立てたり、契約したり、もてなしたり、雇ったり、食べ物や報酬を与えたりすること」を罪と断じた。以降、魔女が人間や動物に死や身体的傷害、病気をもたらしたとか、作物を枯らせたと証明できなくとも起訴が可能となり、魔女であること、すなわち悪魔とつながっていることだけで有罪が確定し、相当の罰が科された。こうした考え

「魔女であること、すなわち悪魔とつながっていることだけで有罪が確定し、相当の罰が科された」

方へのシフトは、異端審問官が自白にさらにこだわるようになった理由を理解する手がかりとなる。魔女が隣人に被害を与えたと証明することは難しいが、悪魔との交わりを自白させるのは比較的容易だ。

それなのに1604年以降、魔女裁判や処刑が急増しなかったのはなぜだろう。スターンとホプキンスはいかなる点で突出しているのだろう。1640年代において、彼らに有利に働いた状況とはどのようなものだったのか。魔女狩り人は巷の恐怖につけ込んだが、その恐怖支配が続いたのはほんのわずかな期間だった。1645年から47年にかけて内戦は頂点に達し、国は分裂した。1645年6月のネイズビーの戦いでは議会軍が圧勝して王権は失墜し、チャールズ1世が捕らえられた。内戦は人々を苦し

め、社会には将来への不安が漂っていた。さらに重要なことに、司法システムが麻痺し、通常業務が滞っていた。魔女裁判は巡回裁判ではなく地域の治安判事が担当することになったが、彼らの法に関する知識は不十分で、地元民からのプレッシャーを受けやすかった。こうした不安定な時期、人々はスケープゴートを探しまわり、救済者を求めた。救済者は、説教師らが人間や国をむしばむ病と非難した霊的な悪を精力的に攻撃した。一方、議会は徐々に支配力を確立し、社会は健全さを取り戻した。ホプキンスは1647年8月に結核で他界したが、それ以前から魔女狩り人の権威は落ちていた（彼自身も絞首刑に処されたとのドラマティックな言い伝えもあるが、事実ではない）。生前、彼はノーフォークで活動の根拠と拷問の利用について巡回裁判官から尋問を受けたことがあり、回答を出版して応酬することにした。だが刊行される頃には本人は他界し、スターンも社会か

遺産を相続したホプキンスはミストリーにソーン・インと呼ばれる館を購入した

ら姿を消して、彼らの魔女狩り活動ははじまった時と同様、唐突に幕を引いた。スターンとホプキンスは約250人を裁判にかけ、ほぼ100人を絞首台送りにした。

彼らの恐怖支配の象徴、そして犠牲者が女性に限らなかったことの一例として、不運なジョン・ロウズに目を向けてみよう。フラムリンガム近く、ブランデストン教区の牧師だった80代のロウズは教区民から、傲慢でけんか腰で（地元民と流血騒ぎになったことがある）、「親カトリック的」だとして嫌われていた。彼らは主教に頼んで異動させようとしたが無駄だった。そこで彼らは妖術で告発された女性をロウズが弁護するや、ここぞとばかり悪魔と結託しているとロ

ウズ自身を糾弾した。ホプキンスは事の成り行きに感づき、やはり告発を受けたふたりの女性から、ロウズが魔女の集会に参加していたとの情報を得た。彼は水に投げ込まれるテストを受け、睡眠を禁じられ、へとへとになるまで走らされ、とうとうあることないことを自白し、嵐を起こしてサフォーク沿岸で船を沈没させたなど、複数の起訴内容を認めた。ロウズが沈没船の犠牲者の命に何の責任もないことは言うまでもない。一方、ホプキンスは意図的に多くの無実の人々を死へと追いやったのだった。

> ホプキンスの恐怖時代はイングランドの第一次内戦（1642-46年）と時期を同じくしている

神と誓約を交わすイングランドの清教徒。

The taking of the Holy League and Covenant.

ヨーロッパにはその土地独自の処刑法があった。

© Corbis; Alamy

The Witch Hunter's Handbook

魔女狩り人の手引き

**悪魔の脅威にさらされていたヨーロッパでは、絶対安全な者などひとりもいなかった。
魔女の特定と根絶は、魂と命の救済に関わる重大事だった。**

魔女狩り人とは、容疑者が魔女か否かを見分けることのできる、あるいはできると称する者を指す。妖術が迫害されていた時代、ヨーロッパ各地には公式あるいは非公式に活動する魔女狩り人がおり、当時、最大の魔女狩りに参加した者もいる。彼らの演じた役割は悪意ある魔女が存在するという確信と密接に結びつき、魔女狩り人は村から村へと渡り歩いて人々を逮捕し、処刑台に送った。

魔女狩りの形式や規模は様々で、魔女狩り人も多様な経歴の老若男女がいた。聖職者層の魔女狩り人は巡回活動をし、記録も残されている。地方貴族や地方判事も同様だ。カタルーニャで告発が急増すると、地方貴族はプロの魔女狩り人を呼んで対処した。一方、ハンガリーではドイツによる占領中、ドイツ人兵士が妖術のかどで現地人を告発したとの興味深い資料がある。

魔女狩り人の活動期間は比較的短く、一生の仕事ではなかった。彼らの人気や影響力が最も高まったのは、政治的かつ宗教的動乱の時代だ。魔女狩り人はたいてい、ひとりないしは複数の容疑者がいる共同体に呼ばれたが、妖術疑惑の生じていない地域で彼らが魔女狩りやパニックをあおったという証拠はほとんど見つかっていない。魔女狩りの活動が事態をエスカレートさせ、迫害急増の一因となり、結果的に魔女パニックが勃発したことは確かだが、魔女狩り人が進んできっかけをつくったわけではない。彼らは自分たちを呼び寄せた共同体に受け入れられている限りは安泰だが、限度を超えたり不正に走ったりしていると考えられれば、影響力も権力もあっという間に失墜した。

国から認められた魔女狩り人もいたが、多くは公的な認可などほとんど持たないまま活動していた。イングランド内戦期のマシュー・ホプキンスとジョン・スターンもそうで、1640年代にイースト・アングリアで魔女を追跡したが、きわめて限定的な既定の権限を越えたために窮地に立たされた。フランスのトゥールーズでも、共同体の公金を詐取して魔女狩りの権威を与えられたといわった3人の魔女狩り人が、議会により絞首刑に処されている。

魔女を追跡せよ

ヨーロッパの最も陰惨な迫害に加担した魔女狩り人たち

イングランド

1645 年

自称「魔女狩り将軍」ことマシュー・ホプキンスは、イングランド内戦期にイースト・アングリアの村々を渡り歩き、助手ジョン・スターンと共に魔女を追跡した。イングランドの法律は自白を引き出すための拷問を禁じていたが、ホプキンスは睡眠禁止や足が出血するまで歩かせるなど、怪しげな手段を用いて自白を強要した。80 代の牧師ジョン・ロウズを水に沈めてもいる。同時に、ホプキンス自身が妖術使いで、悪魔と手を結んで魔女を特定する知識を身につけた、すべての魔女の名が書かれた本を持っているなどとも噂された。

スペイン領ネーデルラント

1610 · 19 年

エノー伯領プシャンの副官シャルル・ファン・デル・カメーレは有能な魔女狩り人を自称し、わずか2年で80人以上の容疑者に有罪判決を下したと自負していた。司法制度は一元化されておらず、抜け道だらけで、彼のような狡猾な人物はこうした状況を大いに利用していた。彼は延べ150 人以上を死に追いやったと考えられる。とりわけ不快きわまりないのが子どもの断罪で、起訴された子ども 34 人のうち 16 人が処刑された。

スペイン、バスク地方

1609 · 14 年

魔女狩りの急増に恐れをなした人々は、フランスの国境を越えて逃れた。だが魔女狩り人に扇動されたバスク地方でも 2000 人以上が尋問され、拷問を受けた。大パニックのなか、貴族、聖職者、村人などあらゆる層の人々が告発され、尋問を受けた。性別も年齢も盾とはならず、女性も男性も子どもも巻き込まれて処刑された。異端審問がまともに調査されるようになると、恐怖時代はようやくおわり、妖術の証拠が提出できない場合、魔女狩りは中止された。

ドイツ、バーデン＝バーデン

1627 · 31 年

バーデン＝バーデン辺境伯の有能な参事官マテルン・エシャッハ博士は、地域一帯の魔女を壊滅に追い込んで名をなした。プロテスタントからカトリックへの改宗を強要されたこの地域では宗教的緊張が続き、博士は大々的な魔女狩りで拷問を用いて自白をしぼり出し、子どもたちを告訴してさらに容疑者をあぶり出した。政府高官さえ容赦されず、彼らの妻や姉妹、次いで高官自身も処刑された。彼の活動による処刑は少なくとも 200 件が記録されており、そのほかにも多くの者が追放されたり投獄されたりした。

魔女の見分け方

魔女狩り人は様々な方法で、魔女を見分けていた。
地域独特の方法もあれば、ヨーロッパ各地に共通する方法もある。

最も有名なのが容疑者を水に投げる方法で、ヨーロッパ大陸で広く用いられるようになった。容疑者は手をつま先に縛られて、水に投げ込まれる。浮いたら洗礼の水に退けられたとして有罪であり、沈んだら無罪ということになる。この方法は1597年に出版されたジェームズ6世の『悪魔学』によってイングランド中に広まったが、最初の適用例が記録されたのはずっとあとの1612年のことだ。この年、ベッドフォードシャーのメアリー・サットンが水に投げ込まれ、魔女と確定されている。

聖書との重量比べもヨーロッパ各地で採用された方法で、聖書より軽ければ魔女ということになった。悪魔に魂を売り渡した魔女は魂を持たず、軽いと考えられていたためだ。オランダのアウデワーテルにある魔女の秤の家は有名で、告発を受けた人々が無実を証明するためにはるばる遠方からやってきていた〔ここで魔女と判定された者はひとりもいなかった〕。魔女を見分けるのに、神の言葉は効果絶大と考えられていた。主の祈り、使徒信条などキリスト教徒なら知っているべき言葉をそらで言えないのは、魔女の証拠だとされた。

容疑者の体にある印も重要な手がかりだった。こうした印は悪魔が魔女と契約した際に残されたとか、小悪魔や使い魔が血を吸った跡だとか言われた。印を針で刺しても痛がらなければ、有罪の確かな証拠だ。また魔女は目にも印があるとされたが、これを確認できるのは魔女を見分ける能力がある者だけだった。身体的手がかりとしては、魔女の髪の毛は切れないという説もあった。

魔女の体をひっかくのも広く知られていた方法で、魔女狩り人はもちろん、独断で近隣の人々を追及していた者たちもこの方法を使っていた。出血しなかったり水っぽい液が出てきたりしたら、魔女の証拠だ。この方法は残酷にエスカレートすることもあり、特に使われる道具によっては容疑者が打ちたたかれたり、それがもとでトラウマになったりした。

「魔女」と真っ先に疑われるタイプは?

こうしたテストなしでも、状況や条件によっては疑われやすい人がいた。
あてはまる点があるなら、あなたも魔女と判定されるかもしれない。

1. 未亡人
2. ひとり暮らして、猫、フェレット、ヒキガエルなどを飼っている
3. 年寄り
4. けんかっ早い
5. ふしだらで倫理観に欠けると言われる
6. おしゃべり
7. 気が強く、思ったことをすぐ口にする
8. 毎週教会に行かない
9. 日が沈んだあとも出歩く
10. 奇妙な身体的特徴がある
11. ひとり言が多い
12. 教会の行事をよく休む
13. 人にののしりの言葉を発することで有名
14. 有力者と土地のことでもめている

魔女を火あぶりにせよ！

容疑者が魔女と確定したら、
拷問から処刑まで様々な罰が待っていた。

罰金

有罪が確定した魔女が「被害者」に罰金を支払わされることもあった。ただその目的は罰ではなく、たいてい賠償であり、加害者の後悔と両者の関係修復を物理的に象徴し、双方に満足のいくような形で秩序と和解が回復された。魔女狩りが横行した時代を通して、罰金刑はポーランドやウェールズの村の裁判で頻繁に科されたが、こうした地域で処刑がごく少数だったことは注目に値する。

ガレー船

絞首刑や火刑を免れても、ガレー船漕ぎは地獄のような罰だった。囚人には烙印が押されていたため逃げることもできず、権利を剥奪され、過酷な環境に放り込まれ、戦場の艦隊に動員された。1684 年、ノルマンディー高等法院は有罪の確定した羊飼いたちをガレー船送りにし、パリ高等法院も 1687、88、93 年に妖術と家畜に毒を盛ったかどで有罪判決を受けた者たちをガレー船漕ぎの刑に処した。1779 年には、ナヴァールの若い魔女狩り人がガレー船送りになった。

追放処分

追放は一見軽く見えるがその実、家族や故郷から遠く離れて一生を過ごす非情な刑だ。ただし、刑が覆される場合もあった。フランスのメッスにある高等法院ではじめて行われた魔女裁判では、ふたりの姉妹が追放処分を受けたが、流刑先で再審された結果、不幸なことに町の境界線の外で石打の刑に処されることになった。ロシアでは、妖術で有罪判決を受けた者は国の最果ての地に送られ、国境警備や皇帝のための耕作を強要されたが、家族はしばしば合流を許された。

むち打ちの刑

むち打ちや打擲（ちょうちゃく）の刑は妖術の罰としては軽い方だが、それでもむごたらしかった。イタリアでは恋愛魔術、治療、宝探しはカトリック異端審問により有罪とされ、通りでむち打ちにされた。ポーランドの村の裁判でも、むち打ちの刑が宣告され、ロシアでは、拷問で自白を強要されたあとにこん棒や皮のむちで打たれた。イタリアのオルベテッロでも、恋愛魔術の容疑者は通りでむち打ちにされた。1669 年のスウェーデンのモーラ魔女裁判では、148 人の子どもがむち打ち刑に処された。

処刑

妖術で有罪判決を受けたあとの刑としては最も重く、処刑法は地域や時代により異なっていた。魔女の処刑法と言えば火刑と考えられがちだが、ヨーロッパ内でも地域により様々で、多くの魔女は絞首台送りになった。イングランドでも絞首刑が一般的で、火あぶりの刑に処されたのはひとりだけだと言われている。逆にスコットランドでは、魔女はまず絞首されてから焼かれた。斬首刑も頻繁に行われ、ヨーロッパ以外では石打ちが一般的な処刑法だった。

© Corbis; Alamy

The Witch's SpellBook

魔女の魔術書

長い年月を生きのびた古代文書は、
現代の魔術にも影響を及ぼしている。
一方、魔女も昔から呪文やまじないを記録し、参考にしてきた。

有名なグリモワールの『黒い雌鶏（Black Pullet）』に収録された護符の図。

妖術の概念や実践は古代にさかのぼり、薬を調合したり、まじないを唱えたり、呪文をかけたりする者は、自分はもちろん後世のためにもその方法を記録してきた。

中世や近世で妖術のかどで裁かれた者は、魔女狩り人の標的にされた好都合なスケープゴートであり、飢饉、伝染病、病気などの逆境の理由を説明するのに利用されてきた。こうした魔女たちには学があり、読み書きができ、写本者や仲間たちと協力していた。16世紀から18世紀にヨーロッパで妖術のかどで告発された者のうちほぼ80％が女性と推定されるが、たいてい年老いて貧しく、魅力的とは言い難い容姿だった。特筆すべきは、いわゆる魔女たちは医学、化学、その他の学問における先駆的存在でもあり、その知識——妖術——を文書にして保護した。

古代エジプトやギリシャ人はパピルスに典礼や学術的な情報を記し、呪文にも「フランキンセンスの供物」が必要とか、燃えさかる炎の前に

恍惚状態の「清らかで純粋な」子どもを置くことなどの注記を付した。11世紀にさかのぼる『ピカトリクス』はもともとアラビア語で記された書で、妖術は文化の境界を超えると説いている。400ページ以上にのぼるこの書には、気味の悪い材料を使った薬の調合や、知識と力を求める占星術のエネルギーに焦点をあてた呪文が記録されている。同じく16世紀アイスランドの書『ガルドラボーク（Galdrabók）』にも多数の魔女の知識が記されている。47ある呪文には超自然的性質を秘めているとされるルーン文字も用いられ、その多くが疲労、頭痛、不眠、出産の痛みなどの症状の治癒に関連している。『ホノリウスの誓いの書（The Sworn Book Of Honorius）』の正確な年代は不明だが、保管さ

れている最古の写本は1347年のもので、すでに14世紀には確認されている。降霊術（ネクロマンシー）や死者との交流の際の参考書と考えられ、冒頭でローマカトリック教会を辛辣に批判している。3部のみ複製が許されており、この書の教えに従う者は女性との交際を慎まねばならず、適切な後継者を見つけられない写本所有者は墓に持っていくべしと説いている。

古代から近世にかけて多くの重要な魔術書が世に出たことは明らかで、こうした書の多くは、本来の目的である魔術はもちろん、歴史的重要性からも徹底的に研究された。

「魔女たちは医学、化学、
　その他の学問における先駆的存在でもあり、
　その知識を文書にして保護した」

幻覚と神秘の書

一般的な病気を扱った医書から
悪魔を呼び出す方法が記されたグリモワールまで
魔術を指南する本は多種多様だ。

妖術に関連する文書は「グリモワール」と呼ばれる魔術書から、「リーチブック」と呼ばれる中世アングロサクソンの医書、そしてしばしば魔術と結びつけられ、悪魔の署名とも言われる秘密のシンボルであるシジルを収めた書まで多岐にわたっている。

グリモワールは魔女の基本書であり、その起源は魔術そのものと同じくらい古い。呪文、まじない、護符や魔除けのつくり方、天使、悪魔、その他の霊の呼び出し方が書かれている。最古のものは紀元前4世紀以前、古代メソポタミアで記されたと考えられる。魔女の活動の骨組みであり、1000年以上にわたり制作され続け、かつては書物そのものに超自然的な力と強さが備わっていると信じられていた。最も有名なグリモワールのひとつが『ソロモンの鍵』で、ソロモン王自身が著したとも言われるが、14世紀のルネサンス期のイタリアで書かれたとの説の方が妥当だろう。2巻の本で、いくつもの翻訳があり、版によって微妙な違

いがある。まじない、呪い、浄めをはじめとする魔術を解説し、イスラム教、ユダヤ教、後期古代ギリシャ・ローマなど多文化の影響を反映している。

9世紀に書かれた『バルドの医書(Bald's Leechbook)』は、この種の書物のなかでもよく知られており、現存するのはロンドンの大英図書館に収蔵されている1冊のみだ。2部構成になっており、第一部では外部疾患を、第二部では内部疾患を扱い、頭痛、帯状疱疹、足の痛みへの実用的対処法が示されている。

中世の魔女は、頼りにする悪霊や天使のシンボルとしてシジルを使っていた。『ソロモンの小さな鍵(The Lesser Key Of Solomon)』には、72人の悪霊と地獄における彼らのヒエラルキー、そしてそれぞれのシジルの一覧が収録されているが、悪霊のシジルを手に入れた魔女は、その悪霊をある程度操れると考えられていた。

> 「グリモワール」という言葉は、「理解が難しい」を意味するフランス語の比喩的表現に由来する

『影の書』

1940年代末、ウィッカ(ネオペイガニズムの一派)の父として知られるジェラルド・ガードナーは『影の書(Book Of Shadows)』を記し、プリケットウッド村の集会で参加者に紹介した。「影の書」とは一般に、それぞれの魔女の独自のまじないや儀式を記した個人的な資料を指す用語で、ガードナーはその数十年前にニューフォレスト村の集会で得た情報や自らの知識も盛り込んだと述べている。

彼はこの本の一部の出典は初期の魔女の歴史的文献だと主張しているが、ほかにもルネサンス期のものと推定される『ソロモンの鍵』や、イタリアの魔女集会の宗教書と称するチャールズ・ゴッドフリー・リーランドの『アラディア、あるいは魔女の福音(Gospel Of The Witches)』、詩人ラドヤード・キップリングやオカルト実践者で妖術使いのアレイスター・クロウリーの書に由来する箇所もある。プリケットウッド村の集会で高位の女司祭だったドリーン・ヴァリアンテは、ガードナーの本の真の著者が誰かについて論じ、のちにこの本に大きく手を加えた。

ガードナーによれば、かつて魔女は迫害を恐れて儀式やまじないを書き残さなかったが、時と共に記録するようになった。『影の書』が発表されると、ウィッカは広く注目されるようになった。

『影の書』には呪文、まじない、シジル、その他の妖術の実践に欠かせない情報が含まれている。

魔女はまじないをする際に魔術書を参考にしていた。魔術書はたいてい持ち主の手が加えられた独自の内容だった。

魔女の奥義の実践

魔女という存在の核となるのが、悪魔との関係や、呪文を唱えたり未来を言いあてたり、病気を治したり呪いをかけたりする能力だった。告発を受けて逮捕された魔女には、残酷な尋問や拷問が科された。強制的にしぼり出された自白はしばしば連想からきており、ほうき、棒、動物に乗って空を飛んだとか、悪魔に会って誘惑された、淫らな性の儀式に参加した、闇の力と引き換えに魂を売り渡したなどの内容だった。告発された魔女は服を脱がされ、悪魔に取り憑かれている印が残っていないか身体検査をされた。

呪文の目的は、恋人探し、経済的かつ社会的成功、敵対者への仕返し、嫌いな相手を目の前から消すなど様々で、豊作のために呪文を買う者もいた。逆に、魔女が子どもの命を含む殺人の容疑をかけられることもあった。中世を通じて著しい気候冷涼化が進み、凶作、疫病、それに続く様々な犯罪行為の増加が魔女のせいにされた。14世紀のヨーロッパで黒死病が大流行し、村が全滅に追い込まれると、それまでの魔女に対する好奇心や寛容さが、恐怖と迫害に変わった。ガンから口臭や皮膚炎まで様々な病気を治すのも、魔女の日常行為だった。カタクリの新鮮な根や毒蛇の舌をミルクで煮てつくった薬は胃潰瘍に効くとされ、少量のイワナシの葉を熱湯で煮たものを1日に数度飲めば、腎臓結石に

よいと言われた。

ランカシャーで1612年に開かれたペンドルの裁判は、イングランドで最も悪名高い魔女裁判だろう。女性9人と男性2人が絞首刑に処されたこの裁判のそもそもの原因は、呪いの言葉だった。ある娘が行商人に、ピンを譲ってほしい（あるいは買いたい）と言ったが断られた。すると行商人は発作に襲われ、のちに娘はサタンに魂を売ったこと、行商人の手足を不具にしてほしいと悪魔に頼んだことを告白した。呪文は単純なものから複雑なものまで幅広く、単につばを吐くだけの呪文もあれば、紙に書きつけておいてからあとで燃やしたり、人の形をした粘土や人形を使ったり、さらには数日間もかけて長々と挙げる儀式もあった。それでも人々は魔女の千里眼や予知能力に頼った。イングランドのヨークシャーのナレスボロに住む魔女マザー・シプトンは、列車、飛行機、自動車、電報が発明される何世紀も前にこれらを予言したと言われる。魔除けやお守りにも効果があると信じられていた。これらは薬草の入った袋、シジル、ミニチュア、あるいは釘や馬の蹄鉄などの日常品で、身につけたり窓辺に吊るしておいたりした。

> 凶作や子どもの突然死など、魔女はあらゆる不幸の元凶と糾弾された

文書を参考にして、悪魔を呼び出す魔法使い。

BARCLAY'S DICT

家に火を放ったと糾弾される魔女。

悪意ある魔術から身を守る

黒猫

猫の死体を家の壁のなかに埋める習慣は、ヨーロッパでは現在でも残っている。猫はラッキーチャームとして使われることが多く、その遺体は魔女を家に寄せつけない、家から追い出すと言われている。猫は壁に生き埋めにされたとの説もあるが、発見された干からびた死体の様子からして、死んでから埋めたと考えられる。壁からは、げっ歯類や鳥の死体なども見つかっている。

エルフの矢

古代のエルフの矢は、実のところ新石器時代の人々がつくった矢じりだが、エルフが家畜を狩ったり、痛みを起こさせたりするのに使うと信じられていた。これをエルフショットという。しかし、傷が回復すると、矢は魔除けやお守りとして使われ、たいてい銀をあしらって首にかけ、魔女を寄せつけないようにしていた。エルフの矢は探しても見つかるものではないが、意外なところから出てくる。手に入れたら太陽があたらないところで保管し、魔女に奪われて邪悪な目的のために使われないように気をつけていた。

魔女の瓶〔ウィッチボトル〕

16世紀にさかのぼる習慣で、敵対する魔女からかけられた呪いを解く手段として使われた。別の魔女や民間療法士と協力してつくる場合もあり、呪われた人の髪の毛、爪切り、尿、さらにできればローズマリー、曲がった針とピン、赤ワインを入れる。呪われた人の家の一番端の角、暖炉の下、その他のこれといった特徴のない場所に埋められると、呪いをかけた魔女に悪さをするので、魔女は呪いを解かざるをえなくなるという。

魔女の椅子

魔女の石とも呼ばれ、煙突から突き出している石を指す。もともとは薬ぶき屋根と石でできた煙突の間から水が家に入り込まないようにつくられたようだが、年月と共に、悪魔の集会から空を飛んで家に戻る魔女がこの石でひと休みすると考えられるようになった。石がないと魔女が煙突から家に入り込んで、一家はトラブルに見舞われることになる。

魔女のボール

明るい色のガラスでつくられた球体で、中世を通して広まった。初期のものは雑なつくりだが、19世紀には進歩して、良質なガラスが使われるようになった。東向きの窓に糸で吊るすと、魔女を寄せつけず、ボールのなかに閉じ込める。民話によれば、悪魔の目の呪いからも家を守ったそうだ。効果を高めるのに、聖水や塩が入れられることもあった。

セイヨウナナカマド

英国では、悪魔は自分の母をセイヨウナナカマドに吊るしたと言われる。家の正面の扉に近い場所など所有地内に植えると、魔女に対抗して絶大な効果を発揮すると信じられていた。実が深紅で五芒星のようになっていることから、力をもたらす植物とされ、この木材で十字架をつくって身につけ、お守りにしている人もいた。家畜にもつけられていた。

The Basque
Witch Trials
バスク魔女裁判

異端審問所は不寛容で残酷なことで知られるが、
スペインのバスク地方で魔女熱が吹き荒れた時には、抑止力を発揮した。

スペインの異端審問で死刑宣告を受ける被告。
《異端審問》（部分）、フランシスコ・デ・ゴヤ、
1808-12 年。

610年11月、パンプローナから100km
弱離れたログローニョの町で、6
人が妖術の罪で処刑された。
獄死した別の5人は、人形がつ
くられて焼かれた。異端審問
を担当していた地方裁判所は
1年かけて証拠を吟味し、自
白を集め、罪状否認した不運
な犠牲者たちは、数千の見物
人が見守るなかで命を奪われた。
スペイン北部は再び魔女熱に襲われ
た。幸いにもこの時の虐殺は間もなく収束した
が、そのあとの数年間、さらに数千人の男性、
女性、子どもが追及を受けることになる。
当初、「妖術」の急激な増加は、スガラムルディ

をはじめとする限られた村の話かと思われた。
だが大がかりな組織的異端教派への恐怖
が急速に広まり、お決まりの悪魔的
罪の告発が多発した。夜にサバト
が開かれ、淫らな踊りや悪魔と
の性交が繰り広げられるとの話
が広まり、同時代の人々は、「あ
まりにおぞましい性行為で口に
するのもはばかられる」と書いてい
る。魔女は村の丘をあちこちまわって
毒入りの飲みものづくりに必要なヒキガエ
ルを探していると言われ、殺人や不幸な出来
事の罪をかぶせられた。奇妙な夜間飛行が報
告され、魔女はイエバエやオオガラスに変身
すると噂された。

**1616年、ビスカヤ当局
が極めて過酷な魔女狩りを
開始すると、サラザールが
介入した**

「お決まりの悪魔的罪の
告発が多発した」

スペインの異端審問官の任務

1. 警鐘を鳴らす

異端審問官は定期的に地域をまわるのではなく、必要に応じて妖術に対処していた。通常、自白にせよ告発にせよ、まず教区の司祭が邪悪な行為の報告を受けた。報告が信頼に値すると判断したら、司祭は聞き取りを行い、事実確認を地域の異端審問所に報告する。

2. 異端審問の開始

地方裁判所の役人の要請により、容疑者が異端審問所の監獄に移され、証拠確認がはじまる。証拠確認では、証人への質問、判例確認が行われる。重要なのは被告を地方裁判所はマドリードの異端審問最高会議に進捗状況を報告することだ。この時点での選択肢はふたつ。不起訴か正式な起訴手続きのいずれかだ。

3. 判決

たいてい妖術を自白した者は赦しを得て、しばしば公衆の集まりに引き渡され、教会と和解する。この場合、死刑が言い渡されることはごく稀だ。異端審問官が有罪を確信していながら妖術を否認した者は、より厳しい罰を覚悟する必要がある。異端審問所による死刑判決は少ないが、その場合には大きな公共の場で執行された。被告の家族にとっては深刻な打撃で、公的生活への参加、財産の所有、社会関係など多くの事柄が数世代にわたり制限を受けた。

4. 捜査網の拡大

予審の結果によっては、地方裁判所は広範かつ組織的妖術の一派の存在を確信する。バスク魔女裁判がこれにあたる。さらなる罪人を見つけ出し、告発の信頼性を判断するため、異端審問官が派遣される。こうして告発の環が一巡する。

しかし、はじめからすべての人がこうしたセンセーショナルな話を信じたわけではない。王室史料編纂官ペドロ・デ・バレンシアは、「彼らの認めたことのうちいくつかはあまりにありえない内容で、多くの人が信じようとしなかった」と述べ、「話そのものが魔女のつくり話と考える」方が理に適っているだろうと論じた。ログローニョで裁判と処刑を監督した異端審問官の間でも、不信感を抱く者がいた。アロンソ・デ・サラザール・イ・フリアスは地方裁判所で最年少の第三異端審問官に任命され、1609年6月にログローニョにやってきた。高名なサラマンカ大学出身で、教会法律学者として輝かしいキャリアを積んでいるところだったが、着任して間もなく疑念を覚えた。マドリードの王室も異端審問最高会議も同様だったようで、サラザールは1611年5月から翌年1月にかけてバスク地方を視察するよう指示を受けた。

彼は妖術を自白した者と、彼らを告発した者の両方から話を聞いた。その数は数百人にのぼる。彼は「毒薬」を動物に飲ませたり、悪魔と肉体関係を持ったとされる女性の身体検査

バスク地方の夜のサバトでは、悪魔が雄ヤギの姿で現れることもあると言われていた

をしたり、サバトが開かれたとされる場所の供述と実際の現場を比較したりと、厳密な証拠確認を行った。結果は驚くべきもので、「毒薬」で死んだ動物はいなかったし、身体検査を受けた女性の多くは処女で、夜の集会に関する供述は現状と一致しなかった。彼は異端審問最高会議に送った一連の報告書で、「虚偽、虚報、不正」があまりにひどく、「彼女たちが魔女とは信じるべきではない」と説明した。だがなぜ容疑者は自分の罪を認めたのだろうか。彼らは悪魔ではなく妄想に取り憑かれていたのではないだろうかと、サラザールは論じる。これが悪魔の仕業なら、見事というほかない。

たとえばオノロスに住む80歳のマリア・デ・エチェバリアは「深く罪を悔いて」告白したが、「この善良な女性が妖術について告白したことが、夢想以外の何ものでもないことは確かだ」。彼女は眠りに落ちてサバトに連れていかれたと主張したが、「彼女が家を出て、帰宅したのを目撃した者はいない。同じベッドで寝ている長女でさえも見ていない」。別の女性は、サタンに譲歩したところ、つま先3本が引きはが

「告発側はたいてい悪意から行動しているので信用できない上、告発される側は幻想に囚われている」

魔女たちが夜の儀式に参加したとされるスガラムルディの洞窟。

魔女は悪魔と様々な不品行に走っていると考えられていた。

れたと主張したが、近親者に指摘されて、幼い頃からつま先がなかったことが明らかになった。

サラザールは単刀直入に、「妖術が実際に行われたことを示すひとつの証拠も、わずかな兆候さえも見つからなかった」と述べている。告発側はたいてい悪意から行動しているので信用できない上、告発される側は幻想に囚われているか、「すさまじい誘導尋問や、あらゆる忌むべき手段で自白をしぼり取られたために衰弱している」かのどちらかだ。恐怖と強迫観念の空気が漂い、「あらゆることがすぐさま妖術と断じられる口実となり、話に尾ひれがつき、今では魔女のせいにされない失神や発作、病気、死、事故はない」。同時に、魔女狩り熱がフランスから押し寄せてきたこともパニックを助長した。

視察中のサラザールには恩赦の勅令という武器があり、これを用いて、「罪」を告白するあらゆる者を教会と和解させることができた。サラザールからこの特別措置を受けた1802人のうち、1384人が14歳以下の子どもだった。異端審問最高会議は、北スペインの現状は絶望的なまでに制御不可能なのではないかとの念を強めていたが、サラザールの報告はこれを裏づけた。彼は、異端審問所は「被告の受けた残酷な扱いは誠に遺憾であると知らしめる」必要を説き、「現在までに取られた妖術に関する自白と証言を一律に無効と宣言すべきだ」と主張した。異端審問最高会議は彼の忠告を受け、今後の尋問方法に関する指示をすみやかに発表した。事実確認を重ねて行うこと、す

べての段階で「こうした件につきまとう疑念」に注意を払うこととされ、「大変満足なことに、1610年にログローニョで非業の死を遂げた者たちの容疑は晴れた」。

当然、誰もがサラザールの仕事ぶりを喜んだわけではなく、「いかなる分別と知性を備えた人が、真実を疑うよう彼をそそのかしたのか理解できない」と批判した者もいた。妖術は「キリスト教圏のすべての学者により完全に証明され、認められている」からには、それが現実かつ緊急の脅威であることは自明の理だった。一方、サラザールの行動の根拠は「自己の意思以外にない」。あるいは、サラザール自身が悪魔にもてあそばれているか、ひょっとしたら手を結んだのではないか。こうした非難を見ると、

魔女は壁のわずかな開口部を通るとか、動物に変身して赤子の血を吸うと信じていた者もいた

サラザールは妖術に対して合理的姿勢を取った進歩的先駆者なのではないか、一匹狼的存在なのではないかと思えてくる。だが早まるのは禁物だ。彼はしばしば言われるような進歩的思想の持ち主でもなければ、時代の流れから外れていたわけでもない。

第一に彼は、妖術が実在する、悪魔との危険な契約が魔術をもたらすとの基本的概念には疑問を投じなかった。彼は、1610-20年代のスペイン北部の特定のケースには、そうした大規模な妖術は働かなかったとの結論を出したにすぎず、「真に問うべきは、魔女がそう言ったからというだけで、妖術が実践されたと信じるべきか否かだ」と論じた。証拠からすると答えは否で、彼は親切心や近代的な感性からではなく、厳密な法学的思考から行動したまでだ。

第二に、妖術告発に懐疑的態度を取ったサラザールが特別だと考えるのはまちがいだ。悪名高きスペインの異端審問所は秘術信仰者を容赦なく追及し、恐ろしい罰を下していたと考えられがちだが、それは誤りだ。15世紀末にスペインに異端審問所が設立されると、数十年にわたり、妖術は深刻な懸念事項と考えられたことは事実だった。魔女はいとも容易に、異端撲滅を目指す裁判所の標的になり、悪魔に忠誠を誓って洗礼の誓いを棄て、儀式で聖句や聖なるものをおとしめていると言われた。最初の火刑が執行されたのは1490年代のことで、サラゴサをはじめとする地方支部は、妖術の噂を少しでも耳にすれば厳格に対処した。だがすでに早いうちから、サラザールのような慎重な者もいた。異端審問官の多くは基本的

《魔女の夜宴》（部分）、フランシスコ・デ・ゴヤ、1820-23年、《黒い絵》シリーズより。

に、魔女はサタンを信奉するのではなく惑わされているのだと考え、1520年代半ばには審問の詳細な規則が強化された。異端審問最高会議の布告のひとつにもあるように、彼らの仕事は妖術を告白した者が「その罪を本当に犯したのか、あるいは惑わされているのか」を判断することだった。

意外なことに、スペインの異端審問所は妖術のケースには比較的寛大な態度を取った。北ヨーロッパのプロテスタント教会の権力者たちはたいてい非情だったが、スペインでは拷問は一律に行われていたわけではなく、被告の土地も必ずしも没収されず、死刑判決も稀だった。地方裁判所が過激な方法に訴えることもあったが、そうした場合でも異端審問最高会議から譴責(けんせき)された。異端審問官による最後の処刑は、アラゴンで1530年代半ばに、カタルーニャで1540年代後半に執行された。南スペインの裁判所が妖術の件に乗り出すことは稀で、当初は非情だったサラゴサ裁判所でさえ、1550年から1600年にかけては数えるほどしか扱わず、死刑判決を下すこともなかった。1568年にまじないを教授したかどで1名がガレー船送りになり、1574年には占いの罪で1名がむち打ちの刑に処された。16世紀末の50年の間で本格的な妖術裁判は1件だけで、30歳の女性が動物や人を呪殺したと告発

スペインの異端審問では、1610-1700年にかけて妖術で5000人が告訴されたが、火あぶりに処された者は皆無だった

され、むち打ちと4年間の追放処分を言い渡された。

実際、イベリア半島各地で執行された魔女の処刑のほとんどは世俗の当局主導で、地中海地域の国々は異端審問所の比較的穏健な対処にならった。1例を挙げると、1550年から1650年にかけてヴェネツィアの地方裁判所が扱った600件の妖術関連の裁判のうち大多数は無罪で結審し、死刑判決は皆無だった。

ある意味、バスク地方で1609年から14年にかけて起こった出来事は、一種の逸脱と言える。異端審問最高会議は迫害初期こそ過酷に処したが、時間と共に変質し、急速に慎重な態度を取るようになった。サラザールが視察に派遣された理由もここにある。この地域は自他共に認める妖術の温床であり、迫害の急増が人目を引かないはずはなかった。サラザールの表明した懸念は、過度に熱心な地域上級審問官への反応であり、長年をかけて培われてきた慎重さと懐疑的姿勢の表れだ。

それでも、サラザールの業績が重要であったことに変わりはない。近世のヨーロッパでは魔女の新たな概念が生まれ、魔女たちは悪魔の霊感を受けて高度に組織化された秘密の一派と見なされるようになった。

《魔女の夜宴》(部分)、フランシスコ・デ・ゴヤ、1798年。サバトの1場面。スペインの大衆およびエリート層の文化において、魔女のサバトのイメージの影響は長く影を落とした。

「この地域は自他共に認める妖術の温床だった」

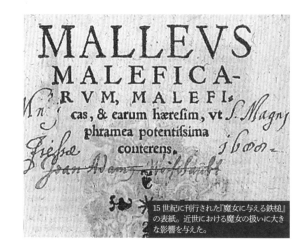

15世紀に刊行された『魔女に与える鉄槌』の表紙。近世における魔女の扱いに大きな影響を与えた。

外の女性

ドナス・デ・フエラ（外の女性）の話は、過信と猜疑
心が交互する不可思議な奇譚だ。ドナス・デ・フエ
ラとはフェアリーに似た女性の魔物（しばしばはっとす
るほど美しいが、動物の手や足をしている）と、その仲間
たちを指す。もともとは当時スペイン領だったシチ
リアの魔物だが、スペインの異端審問官の注意を引
いた。ここでも異端審問所は厳罰を下すよりも調査
の方に熱心だったようで、1579年から1651年にか
けて、8人の男性を含む65人がドナス関連で告訴
された。被告の一団は善行と悪行の両方を行った
そうで、ドナスを怒らせた者は病気になる一方、ドナス
と結びついた者はカリスマ的な治癒力を持つと
信じられ、近隣の共同体で家を清めるなど人の役
に立っていた。

現存する法廷記録によれば、ドナスは議論の的だっ
たようで、告訴された者は自分たちの「才能」を堂々
と認めていたようだ。実際、ドナスの仲間——圧倒
的に貧しい老女で占められていた——はこうした活
動で食料や金銭を得ており、フェアリーとの距離の
近さは一種の特権と見られていた。様々な魔術を教
えてもらえるのは、甘い血〔サングレ・ドゥルセ〕を持
つ者だけだ。

異端審問所に連行された女性の一部はつくり話を
認め、依頼者にアピールするために、フェアリー族
との交信を装ったと語った者もいた。夜空を飛行す
る驚異的な才能を持った霊は、近世の超自然的世
界観に繰り返し登場するモチーフで、スコットラン
ドなどいくつかの地域では、人々の心のなかでフェ
アリーと妖術が深く結びついていた。ただし当時の
フェアリーは、現代人が想像するような爛漫な小妖
精ではなかった。

サラザールは、悪魔が人間の世界に介入して破
滅的な影響を及ぼしうるか否かについては疑
問を抱かなかっただろうが、妖術の気配を察
するや、並外れた厳密さと慎重さをもって対処
した。詳細が共通するおびただしい数の自白
を前にした同僚の異端審問官は、大々的な妖
術の災いが流行していると信じたが、サラザー
ルは逆にこの点に疑念を持った。これ
こそが集団妄想の兆候ではないか
と。

サラザールの報告をもとに異端
審問最高会議が推し進めた改
革と規則が成文化され、変化
が起こった。今や妖術の訴えを
裏づける証拠が必要とされ、一切
の供述は要約されることなく全文が
記録される。こうすることによって、不一致、
矛盾、さらにサラザールの言葉を借りれば「あ
らゆる人間の理性を超える主張」が見つけやす
くなる。

サラザールの功績のひとつが、自分も結果的
に強迫観念の炎をあおいだことに気づき、キャ

リアの残りを通して、バスク地方をのみ込んだ
パニックを再び起こさせないよう尽力したこと
だ。異端審問官としての名声が高まるにつれ、
地方裁判所の活動に注意を払い、世俗当局の
熱意が異常に強まっていると見れば、直接介
入した。

1424年から1782年にかけて、ヨーロッパで
は6万人が妖術の罪で合法的に命を
奪われたが、その多くは1560年
から1640年にかけて起こった。
歴史家は往々にして、「地中海
地方の温和な態度」を論じる
が、スペインが迫害で大きな
役割を担ったことは事実とは
いえ、ヨーロッパの他所と比較して
も、比較的抑制が効いていたと言え
る。悪名高きスペインの異端審問が大虐殺
抑制のカギを握っていたとはあまりに意外だ。
異端審問官のひとりサラザールは「魔女の擁
護者」の名声に値する人物であり、異端審問の
歴史において重要な役割を演じた。

> スペイン語でサタンを
> 意味する「ブルシャス」は
> カタルーニャ語で夜の魔物を
> 指す言葉に由来する

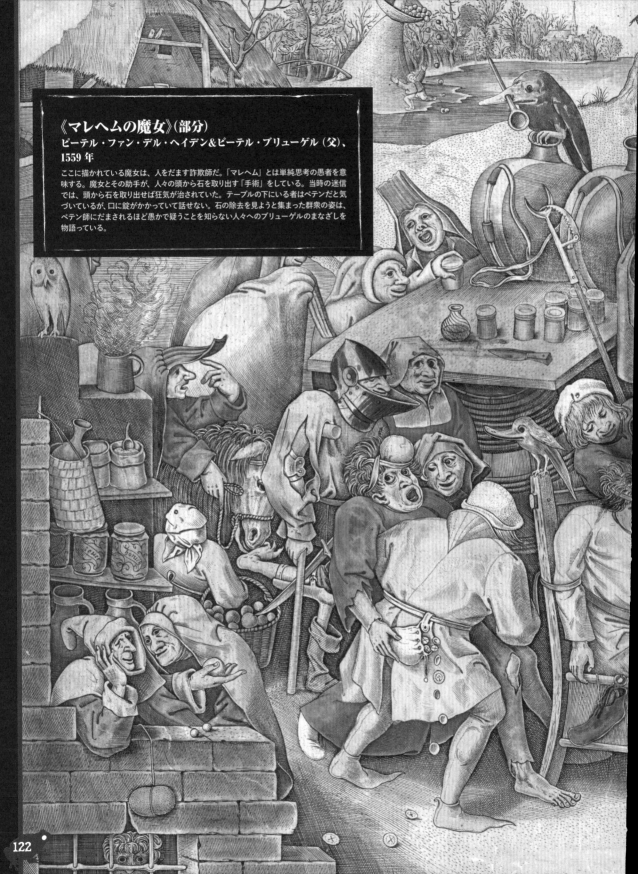

《マレヘムの魔女》(部分)
ピーテル・ファン・デル・ヘイデン＆ピーテル・ブリューゲル（父）、
1559 年

ここに描かれている魔女は、人をだます詐欺師だ。「マレヘム」とは単純思考の愚者を意味する。魔女とその助手が、人々の頭から石を取り出す「手術」をしている。当時の迷信では、頭から石を取り出せば狂気が治されていた。テーブルの下にいる者はペテンだと気づいているが、口に錠がかかっていて話せない。石の除去を見ようと集まった群衆の姿は、ペテン師にだまされるほど愚かで疑うことを知らない人々へのブリューゲルのまなざしを物語っている。

The Würzburg Witch Trials

ヴュルツブルク魔女裁判

17世紀初頭、ドイツのヴュルツブルクは史上最悪の大量魔女裁判のひとつの舞台となった。

生きたまま火あぶりになる者もいたが、ほとんどの場合は斬首ののち火刑に処された

魔女と言えば、多くの人は貧しいやつれた老婆を想像するだろう。とても無罪など主張できない未婚女性や農婦を上流階級が魔女だと糾弾する。ヴュ ルツブルク魔女裁判では、こうした典型的シナリオが覆された。変わり者の老人も告発されたが、裕福で見栄えのよい者も安泰ではなかった。1626年から31年にかけてこのドイツ

の町を襲った大規模なヒステリーは、告発の危険とは無縁の者などおらず、誰もが斧や炎と隣りあわせだと知らしめた。

1626年に悪名高きヴュルツブルク魔女裁判が勃発する以前、1616年から翌年にかけて短期間裁判が開かれたことはあったが、1625年の別の裁判まではごく静かだった。魔女裁判が開かれたのは、ボヘミアでプロテスタント主義が壊滅したあと、カトリック主義がドイツで回復した時代にあたる。戦争と飢饉で疲弊していた国を宗教熱が襲い、告発が激増した。この時代、死と病は日常生活の一部で、人々の信仰心が試されていた。そのため、「魔女熱」のピークは悲惨な結果を招いた。

ヴュルツブルクにおける最初の迫害は、司教領主ユリウス・エヒター・フォン・メスペルブルンのもとで起きた。彼は反宗教改革を熱心に説くイエズス会の司祭で、そのメッセージの激烈さに、わずか3年で10万人がカトリック教会に復帰した。彼の甥フィリップ・アドルフ・フォン・エーレンベルクの代になっても宗教熱は冷めず、エーレンベルクは佳境を迎えた魔女裁判を監督し、ヨーロッパ史上最も多くの命を奪った領主のひとりとして記憶されるようになる。

エーレンベルクはメスペルブルンの活動を引き継ぎ、裁判を主導した。約8年の間に、ヴュルツブルクの町だけで219人が妖術の罪で処刑されたと考えられるが、記録されなかった者も含めると、実際にはもっと多くの者が犠牲となり、領内全体で約900人が命を奪われたと推定される。犠牲者の職業や立場は様々で、ヒステリーのあまりの増長ぶりに、社会ののけ者だけでは血への欲求を満たせなかった。悪魔はどこにでもいると考えられ、貴族、聖職者、医師、そして公選された役人を含む

> 処刑された者の名が記録されないことも珍しくなく、「ヴュルツブルクで最も太った商人」などの記述のみの場合もある

あらゆる層の者が逮捕された。以前は富が盾となっていたが、今や少しでも目立とうものなら、あらゆる理由にかこつけて悪魔に感化されていると言われ、多くの裕福な者が命を奪われた。美しさも武器にはならず、「町一番の美人」、控えめで純潔と言われた19歳の娘も処刑された。

なかでも悲惨なのが子どもたちで、わずか7歳にして処刑された子もいる。犠牲になった子どもの多くは貴族出身で、裕福な家の跡継ぎだった。エーレンベルクは自分の甥さえも裁判にかけて処刑台送りにしたが、これは突出したケースではなく、多くの子どもが悪魔と手を結んでいると糾弾され、斬首され、あるいは生きたまま火あぶりにされた。繰り返しリズムを口ずさんだりお守りを持ったりしているだけでも「悪魔的」だった。呪われた子は両親の罪への罰だという考え方もあったが、たいていは子ども自身の過ちだと言われた。当局は子どもだからといって容赦せず、罪のみを根拠に裁くことを方針としていた。魔女裁判は町ぐるみではみ出し者を袋だたきにする行為かと思われがちだが、ヴュルツブルクでは母も父も我が子が火あぶりにされるのをだまって見ていた。

告発の内容は様々で、どんなことも逮捕理由になったが、悪魔と結びつけられたものが多かった。処刑にも、殺人や悪魔崇拝から、歌を歌った(悪魔と歌っていると見なされたのだろう)など罪のないものまで、あらゆる理由がつけられた。社会の底辺の者には理由は不要で、浮浪者というだけで32人が逮捕されたとも伝わっている。ヴュルツブルクの町を通るだけでも疑惑の対象となり、当局を納得させられるだけの旅行理由を言えないと逮捕されることもあった。ほぼすべての判決が、過酷な拷問を通じて得た自白を根拠にしていた。イエズス会司祭フリードリヒ・シュペーは裁判期間中に懺悔聴聞司祭を務め、拷問(拷問台が使われることが多かった)でしぼり出された自白を耳にしたが、この時の経験がトラウマとなって、若くして白髪になったという。こうした経緯から彼は冷めた目を持つようになり、自白はどれも無価値で、このプロセスを経て処刑された魔女はみな無実だと考えた。彼は拷問に反対する自分の考えを『犯罪への警鐘(Cautio

悪魔との性行為はヴュルツブルク魔女裁判によく見られる告発理由だった。

莫大な戦費がかかったために、ほぼ各国が破産状態に陥り、国民は大きな犠牲を強いられた。

なぜ魔女裁判が勃発したのか?

三十年戦争とヴュルツブルク魔女裁判の時期が重なったのは偶然ではない。1618年から48年まで続いたこの戦は歴史上、最も残虐な戦いのひとつであり、現在ではヨーロッパの宗教戦争としては最大の破壊をもたらしたと考えられている。当初はプロテスタント教徒とカトリック教徒の戦いだったのが権力闘争となり、全大国を巻き込んだ。各地は飢饉と疫病のために荒廃し、恐怖がヨーロッパ大陸を覆い、農村部をのみ込んだ。同盟が成立したり破棄されたりの繰り返しで信頼は失われ、猜疑心が社会の隅々に浸透していた。おそらく最大の被害を受けたのがドイツで、魔女裁判をはじめとするヒステリー現象が根を張り、制御不能なまでに増長した。この暗黒時代、宗教儀式には疑問が投げかけられ、人々は生きのびるために格闘した。17世紀ドイツのような敬虔な社会では、実際に社会を分裂させていた戦争という複雑な力学を批判するよりも、悪魔や妖術を糾弾する方が受け入れられやすかった。多くの場合、魔女狩りが飢えや病気に苦しむ地域で起こったのは偶然ではなく、人々は超自然的原因を疑うことに抵抗を感じなかった。絶望しきって途方に暮れる人々は裁判を開いて容疑者を殺すことで、表面的に事態をコントロールし、自分や自分の行動はこの悲惨な状況を少しでも改善するのに役立っているという虚構にすがった。戦争はそれほどまでに彼らを追い詰め、傷つけ、容赦なく引きずり込み、がんじがらめにしたのだ。

Criminalis)』という本にまとめ、カトリック、プロテスタント両教徒の読者に大きな影響を与えることになる。

約900人の命が奪われ、多くの家族が引き離され、罪のない子どもが殺され、人々の生活は取り返しのつかないダメージを受けた。エーレンベルクが他界し、町がスウェーデン王グスタフ2世アドルフの手に渡ると、魔女裁判は幕引きとなった。トラウマに悩まされたのはヴュルツブルクだけでなく、ドイツ各地で宗教熱、自暴自棄、恐怖が数千の人を破滅させ、長らく人々の心に影を落とした。

Salem Witch Trials

セイラム魔女裁判

厳しい試練の裏に隠された真実
1692 年 9 月 22 日

マサチューセッツ州セイラムの住民は正義の終幕を見ようとガローズ・ヒルに集まっていた。張り詰めた空気のなか、8人の男女が荷車で到着した。彼らは群衆の隣人であり、友人、家族だった。だからこそ、その裏切りは余計に許しがたかった。マーサ・コーリー、アリス・パーカー、メアリー・パーカー、マーガレット・スコット、メアリー・イースティ、アン・ビューディエイター、ウィルモット・レッド、サミュエル・ウォードウェルの8人は、神が最も忌まわしく赦しがたいと断じる妖術の罪を犯して、有罪を宣告された。

有罪は既定路線だった。死出の旅路につく彼らを乗せた荷車はなかなか進まず、人々は悪魔の仕業だと不平を漏らしたが、悪魔だって逃げ切ることはできないだろう。マーサ・コーリーは誰よりも熱心に祈ったあと、処刑された。メアリー・イースティはロープが首に巻きつけられる前に、遺される人々に別れを告げ、その言葉を耳にした者は涙を流さず

にはいられなかった。ほかの者たちは冷静だった。ある見物人が「地獄の扇動者」と呼んだ一団は、当然の報いを受けた。

不幸中の幸いというべきか、群衆はまだこの時点では知らなかったが、悩めるセイラムの住民が妖術を理由とする絞首刑に立ち会うのはこれが最後だった。この日、糾弾する側もされる側も少なからずの者が、なぜ自分たちはこんなことになってしまったのかと自問しただろう。すべてはこの年の1月にセイラム村ではじまった。11歳のアビゲイル・ウィリアムズと従姉妹で9歳のエリザベス・パリスが病気にかかった。それ自体は取り立てて特別なことではないが、今回は普通の病気ではなかった。少女たちは激しい発作を起こし、周囲は心配のあまり涙を流した。口がきけなくなることもあれば、目に見えない力の呼吸を感じて息苦しそうになることもあった。それでも足りないかのように、少女たちは刺すような痛みがあると訴えた。

> セイラムの人々は悪魔の存在を確信していたため多くの人に向けられた告発も真剣に受けとめられた

セイラムの村人で魔女裁判に巻き込まれなかった者はひとりもいなかった。

メアリー・ウィットレッジ

メアリー・グリーン：逃亡

ロジャー・トゥーステイカー：おそらく拷問か虐待が原因で公判前に死亡

ハンナ・タイラー

ウィリアム・ベーカー・シニア

ジョブ・トゥーキー

リディア・ダスティン：無罪判決が出るも獄死

エドワード・ファリントン

ネヘミア・アボット・ジュニア

ウィリアム・ベーカー・ジュニア

サラ・ビショップ

メアリー・マーストン

サラ・オズボーン：公判前に獄死

アーサー・アボット

メアリー・ベーカー

アビゲイル・ロー

フランシス・デーン：マサチューセッツ州アンドーヴァー牧師

アビゲイル・バーカー

マーガレット・プリンス

サラ・クロイス：レベッカ・ナースとメアリー・イースティの姉妹

エドワード・ビショップ

ジョン・ポーター・シニア

レイチェル・クリントン

サラ・リスト

サラ・スウィフト

ジョン・ブラッドストリート

エドワード・ビショップIII

ステファン・ジョンソン

ベサイア・カーター・シニア

ジャイルズ・コーリー：圧死

アビゲイル・フォークナー・シニアは妊娠していたため救された。

メアリー・レーシー・シニアは有罪を認め救された。

メアリー・ブラッドベリー：逃亡

メアリー・ブリッジス・シニア

カテリーナ・ビス

エリザベス・ダイサー

ジョン・バス：メーン州ウェルズ牧師

ベタニア・カーター・ジュニア

トマス・キャリア・ジュニア

ウィリアム・プロクター

メアリー・ブリッジス・ジュニア

†ブリジット・ビショップ

†レベッカ・ナース

メアリー・ブラッドベリー：逃亡

†スザンナ・マーティン

†ジョージ・バロウズ牧師

サラ・バックリー

マーシー・ウォードウェル

ティテュバ

†エリザベス・ハウ

†サラ・ワイルズ

レベッカ・ダイク

サラ・キャリア

サラ・ブリッジス

フィービー・デイ

†ジョージ・ジェイコブス・ジュニア

†マーサ・コーリー

†マーサ・キャリア

†ジョン・プロクター

ドロシー・フォークナー

メヒタブル・ダウニング

ダドリー・ブラッドストリート

サラ・コール

サラ・ダスティン

サラ・ウォードウェルは「自白」して許された。

エドワード・ファリントン：逃亡

†メアリー・イースティ

†ジョン・ウィラード

†アリス・パーカー

トマス・ファラー・シニア：ボストンで7か月拘留されたのち釈放

エリザベス・ブース(18歳)
エリザベス・ハッバード(17歳)
マーシー・ルイス(17歳)
エリザベス・「ベティ」・パリス(9歳)
アン・パットナム・ジュニア(12歳)
マーガレット・ルール(年齢不明)
スザンナ・シェルドン(18歳)
マーシー・ショート(15歳)
マーサ・スプレイグ(16歳)
メアリー・ウォルコット(17歳)
メアリー・ウォレン(20歳)
アビゲイル・ウィリアムズ(11歳)

マーガレット・ジェイコブス

ダニエル&リディア・イームス

†メアリー・パーカー

アン・フォスター：拘留中に死亡

†アン・ビューディエイター

ユーニス・フライ

レイチェル・ヴィンソン

アン・ブラッドストリート

†マーガレット・スコット

†サラ・グッド

エリザベス・プロクターは妊娠していたため救された。

サラ・ホークス・ジュニア

エスター・エルウェル

†ウィルモット・レッド

ドーカス・ホアは「自白」して救された。

サラ・ヘール：マサチューセッツ州ビヴァリー牧師ジョン・ヘールの妻

ジョン・アーデン・ジュニア

マーガレット・プリンス

†サミュエル・ウォードウェル・シニア

レベッカ・ジェイコブス

ヘゼキア・アシャーII

ジョージ・ジェイコブス・ジュニア

イスラエル・ポーター

エリザベス・ジョンソン・シニア

アビゲイル・ロー

メアリー・タイラー

ジェームズ・ハウ：エリザベス・ハウの夫

ダニエル・アンドルー

アン・フォスター

トマス・キャリア・ジュニア

ウィリアム・ベーカー・シニア

ハンナ・ポスト

エドワード・ウーランド

メアリー・レーシー・ジュニア：メアリー・レーシーの娘、アン・フォスターの孫

メアリー・ロー

エリザベス・ダイサー

メアリー・トゥーステイカー：ロジャー・トゥーステイカーの妻、マーサ・キャリアの姉妹

スザンナ・ポスト

アビゲイル・フォークナー・ジュニア

メアリー・ロー

サラ・キャリア

フランシス・ハッチンス

ジョアン・ペニー

ドロシー・グッド：サラ・グッドの娘

サラ・ウィルソン

メアリー・ブラック：奴隷、逮捕、告発されるも法廷には立たず

メアリー&フィリップ・イングリッシュ

スザンナ・ルーツ：釈放あるいは無罪判決

レディ・メアリー・フィップス：マサチューセッツ総督ウィリアム・フィップス卿の妻

エリザベス・ハッチンソン・ハート：息子トマスの申し立てにより、7か月の拘留後に釈放

マーシー：サラ・グッドの娘、牢獄で生まれるも、母の処刑前に夭折

マーガレット・シーフ・サッチャー：ジョナサン・コーウィンの義母

病人　　被告　　有罪(†絞首刑)

苦しむ少女たちの前に、被告人が出廷した。

エリザベスの父で牧師のサミュエル・パリスは、死に物狂いで医者にすがった。だが医師は希望を与えるどころか、死を宣告した。少女たちがかかったのはただの病気ではない。あの苦しみようは悪魔の一派の仕業だ。少女たちは呪いをかけられたのだと。家族はこの診断に打ちのめされた。

同じ頃、娘たちの友人でセイラム村に住むアン・パットナム・ジュニアとエリザベス・ハバードにも、同じような症状が現れた。住民たちはこの不安な状況について話しあい、近隣に住むメアリー・シブリーが解決に乗り出した。彼女はパリスに仕えるアメリカ先住民奴隷ティテュバに、「魔女のケーキ」をつくるよう指示した。ライムギと病人の尿を混ぜてつくったこのケーキを犬に食べさせて注意深く観察したところ、病気の原因が判明した。少女たちはティテュバに呪われたと叫び、ケーキをつくったティテュバ本人が自分の関与を悔いて告白したのだ。事実を知ったパリス牧師は戦慄した。魔女のケー

キで魔法に対抗するなど、自分たちが倒そうとしている悪魔の所業にも劣らぬ悪行であり、さらにたちの悪いことに、自分の使用人が犯人だと名指しされた。問い詰められたティテュバは、自分は魔女でもないし、少女たちに危害を及ぼしたこともないと主張したが、手遅れだった。少女たちはティテュバのせいだと叫び続け、セイラムに住むサラ・グッドとサラ・オズボーンも共犯だと主張した。

3人の女性は正式に訴えられ、セイラム村で一番大きな建物である集会場でジョン・ホーソーンの尋問を受けた。魔女の言葉を聞こうと押し寄せた村人たちで集会場はいっぱいになった。3人はおどおどしていたかと思えば雄弁になり、挑戦的に振る舞った。サラ・グッドは、自分は何もしていないし、サラ・オズボーンを責めるべきだと答え、オズボーンも罪状を否認し、悪魔が自分の姿をした霊を使ったとしても、それは自分のせいではないと主張した。一方、ティテュバは呆然とする人々を前に、自分は有

ドロシーあるいはドーカス・グッドの証言は実の母サラ・グッドを有罪判決に追い込んだ。自分が魔女だと告白したドロシーはまだわずか4歳だった

あなたの魔女度チェック

あてはまるものにチェックを入れてみよう。3つ以上あてはまったら、サタンの呪いがかけられているかもしれない。

50歳をすぎている	☐
未婚	☐
夫に先立たれた	☐
結婚している	☐
あざやほくろがある	☐
おしゃべり	☐
挑発的なファッションが好き	☐
猫を飼っている	☐
告訴された人を擁護したことがある	☐
町や村の有力者と争っている最中だ	☐
夫と議論することがある	☐
お金持ち	☐
貧乏	☐
教会に行かない	☐

なぜ魔女裁判は起こったのか?

告発の急増にはいくつかの理由が考えられる。

神の手

セイラムの人々は、裁判は神の意思に従わなかったことへの罰だと考えた。自分たちは罪を犯し、「現世に過剰に執着」したため、神は悪魔が自分たちをだますままにし、悪魔は隣人を糾弾して処刑するよう、自分たちをけしかけたのだと信じた。

ペテン

裁判直後には、少女たちの話は単なるでっちあげだとの説が広がった。彼女たちは注意を引こうとし、「発作」やその他の苦痛を装えば、注目されて望みをかなえられると考えた。

サイケデリック体験

少女たちの症状は麦角かライムギの中毒からきているのではないかという説。汚染されたライムギでつくったパンを食べたために、恐ろしい発作や痙攣が引き起こされた可能性がある。

インディアンへの恐怖

時期的にセイラム魔女裁判は第二次インディアン戦争と重なっており、フロンティアにおけるアメリカンインディアン襲撃への怯えから、魔女に対する恐怖が生まれたのではないだろうか。セイラムで告発した少女たちのうち数人は激戦地から逃れてきていた。

ヒステリー

少女たちはヒステリーを起こしたのではないだろうか。年齢的にホルモンや生理的変化に悩まされ、激動の時代を生きる彼女たちにとって、心と体にのしかかるストレスが無意識に表れた結果が発作なのかもしれない。

病原体

肉体的疾患が原因とも考えられる。セイラムの動物にも同じような奇妙な症状が見られたこと、流行性脳炎の症状と似ていることなどが報告されている。

女性嫌悪と抑圧

財産の管理権を持つ女性は規格外であり、セイラムで告訴や処刑された者のなかでも大きな比率を占めていた。こうした「独立した」女性は既存の父権社会への脅威であり、取り除くべきであると考えられた。

隣人は何かにつけて互いを告発し、セイラム村はカオス状態に陥った。

罪であり、魔術で少女たちに危害を加えたと認めた。自分は彼女たちを傷つけるつもりはなかった。ただ、サラ・グッドとサラ・オズボーンの命令に従ってやっただけだと彼女は主張し、ふたりが悪さをする時に使う使い魔についてきわめて詳細に供述した。サラ・グッドには黄色い鳥がいて、指の間から血を吸う。サラ・オズボーンにはふたり

の使い魔がいて、ひとりは毛むくじゃらの奇妙な怪物で、もうひとりは女性の頭部と足を持ち、翼が生えている。

これ見よがしに苦しんでいた娘たちも、ティテュバが話しはじめると口を閉じた。会場は一時、静かになったかに見えたが、ティテュバが話しおえると、娘たちも再び苦しみはじめた。これはサラ・グッドのせいだとティテュバは言い、少女たちもうなずいた。会場は騒然とし、セイラムの善良な村人は口々に話しあいながら家路についた。

その後の数週間、少女たちは苦しみ続け、さらにマーサ・コーリー、ドロシーあるいはドーカス・グッド（サラ・グッドの4歳の娘）、年配のレベッカ・ナースが告発を受け、逮捕された。ティテュバはさらに自供を続け、自分の血で悪魔の本に署名したこと、サラ・グッドとサラ・オズボーンの署名も見たと供述した。3月から4月にかけ、恐怖に囚われた村では内部崩壊がはじまり、告発と逮捕が雪だるま式に加速し、誰もが自分たちにかけられた呪いを解こうと必死にもがいた。

この混乱のなか、マサチューセッツ総督に任命され

レベッカ・ナースは陪審員から無罪と認定されたが、数名が抗議すると、判決が逆転して有罪になった

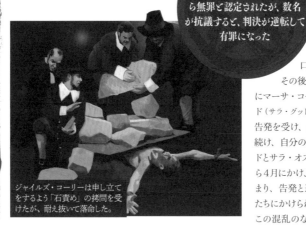

ジャイルズ・コーリーは申し立てをするよう「石責め」の拷問を受けたが、耐え抜いて落命した。

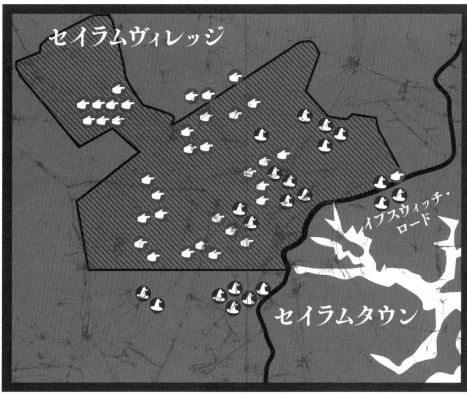

セイラムヴィレッジ

セイラムタウン

イプスウィッチ・ロード

古い村と新しい町の競争が魔女狩りの下地になった？

裁判当時、セイラムは2つに分かれていた。農家が多く、伝統的価値を持つ家族が住むセイラムヴィレッジ（村）と、20年ほど前から台頭してきた新興企業家層の住むセイラムタウン（町）だ。片やさほど裕福ではない伝統的農家、片や旅籠、商人、市場に適応した農家の間で緊張が高まっていった。注目すべきは、最初の妖術告発の出どころが村で、被告は町のすぐ近くの郊外出身だったことだ。資本主義の浸食に抵抗する悩める伝統主義者が裁判を引き起こしたのだろうか。

🖐 被告

👉 原告

たウィリアム・フィップス卿が着任した。5月14日にボストンに到着した彼は、38人を下らない人々が妖術のかどで投獄され、カオスの渦中にある地域を目にして戦慄した。有能と評判の高い彼はすぐさま仕事に取りかかり、一時も無駄にすることなく巡回裁判所（オイヤー・アンド・ターミナー、すなわち傾聴と決定）を設置し、9人の判事を任命して審理手続きにあたらせた。セイラムの住民は報せを聞いてほっと胸をなでおろしたことだろう。もめ事を起こした者がようやくツケを払わせられるはずだと誰もが考えた。だが告発は緩くなるどころか同じペースで進み、さらなる人々が逮捕された。ようやく2週間後の6月2日にセイラムで開廷する頃には、62人が拘置されていた。最初に判事の前に出廷したのはブリジット・ビショップで、当時の多くの被告同様、彼女の状況も不利だった。事件が裁判にまで発展すれば、有罪はほぼ確実だ。だがブリジットにはこの裁判を恐れるさらなる理由があった。というのも、彼女には3度の結婚歴があり、妖術の容疑で法廷に立つのは、これがはじめて

ジョージ・バロウズ牧師は妖術の強力な証拠を根拠に告発された。

131

妖術で告発されても、ジャイルズ・コーリーは申し立てを拒否した。

ではなかったからだ。彼女の2番目の夫トマス・オリヴァーは生前に妻を訴えたことがあり、巷では彼女は少なくとも夫ひとりを呪い殺したと噂された。一度は絞首刑を逃れたものの、セイラムの少女たちの証言は命取りとなった。証言によれば、ブリジットは幽霊のような姿でやってきて、つねったり刺したりして苦痛を与え、悪魔の本に署名をしなければ溺れさせてやると脅したという。

大勢の人であふれかえった集会室で、人々はブリジット有罪の証拠を目撃した。被告が少女らをちらりと一瞥しただけで、彼女たちは発作を起こし、泣き叫び、身もだえして人々の同情を誘ったのだ。さらに、別の者が幽霊の姿をしたブリジットがコートを引き裂いたと証言した。提出されたコートは、確かに引き裂かれていた。ブリジットはそれまで少女たちに会ったことは一度もないし、自分は無実だと反論したが、無駄だった。告発は保持され、有罪判決が下り、6月10日に絞首刑が執行されることになった。セイラム魔女裁判は、最初の犠牲者を欲していたのだ。

地域で最も著名な聖職者に助言を求めるために審理は延期され、狂気のなかにも一瞬の静けさが戻った。そのうちのひとりコットン・マザー——彼の名はセイラムの悲劇と結びつけて記憶されることになる——が代表として助言を送ってきた。助言の冒頭は穏当で、悪魔が悪さをしたり全員を手玉に取ったりしている場合、とりわけ被告が評判のよい人物である場合、証拠に懸念があるならば、「きわめて的確かつ完璧な注意」が必要であると説いている。だが書簡が進むにつれ、こうした注意喚起は否定される。少女たちの苦しみは不幸であり、何としても食いとめなければならない。聖職者たちの言葉を借りれば、自分たちは「妖術発見のため、とがめを受ける身になりさがった者たちに対し、すみやかに厳格な追及を行

うよう政府に申し入れざるをえない。その場合は神の法に記されている指示、そしてイングランド国家の健全なる法律に従うこととする」。判事のひとりナサニエル・サルトンストールは、ブリジットの処刑に嫌悪感を催し、裁判から手を引いたが、聖職者のお墨つきを得た裁判所は6月末に全員を再招集した。判事は迅速に作業を進め、サラ・グッド、エリザベス・ハウ、スザンナ・マーティン、サラ・ワイルド、年配のレベッカ・ナースが有罪判決を受け、3週間もしないうちに絞首台に送られた。さらに6人が8月5日に有罪で死刑宣告を受け、エリザベス・プロクターだけが命拾いをした（8月19日）。彼女は妊娠していたため、処刑が延期されたのだ。全員の遺体は岩場に埋葬された。彼らは共同体の生活を司る教会から破門され、つまはじきにされ、個別の埋葬も拒まれて形だけの墓に埋められた。嘆き悲しむ家族が夜の闇にまぎれて遺体を引き取りにこなければ、鳥の餌食になるか塵と化していただろう。

ジョージ・バロウズは絞首台にのぼっても主の祈りを完璧に唱えたが、悪魔の罠だと一蹴され、処刑された

タイムライン　セイラム魔女裁判に至るまでの急展開

1692年1月・2月中旬
従姉妹同士のアビゲイル・ウィリアムズとエリザベス・パリスが奇妙な病にかかる。地域の医師はこれを呪詛と診断し、魔女のケーキで診断が確定した。

3月
少女たちの告発を受けて、サラ・グッド、サラ・オズボーン、ティテュバが逮捕され、集会所に集まった群衆の前で尋問される。ティテュバはほかのふたりの命令で少女たちに危害を及ぼしたと告白。

4月
妖術への恐怖が広まるにつれ、さらなる住民が悪魔に従っていると告発、逮捕される。もともとセイラムの教会を担当していたジョージ・バロウズ牧師も少女たちから告発される。

被告のほとんどは女性だったが、5人の男性もガローズ・ヒルで絞首刑に処された。

絶対確実な7つの基準

魔女を見分けるのは難題だ。次に挙げる基準に照らしあわせれば、無罪か有罪かの判定に役立つ。

幽霊
1 妖術の犠牲者はしばしば、別のところにいるはずの容疑者の魔女が現れて自分を苦しめたと訴えた。セイラムでの裁判では、こうした証拠を認めるか否かが激論の的となった。

接触
2 証言を確認するための最も単純かつドラマティックなテストのひとつが、容疑者に妖術の犠牲者を触らせることだ。犠牲者が発作を起こして痙攣したら、容疑者が妖術をかけた、つまり有罪の証拠になる。

目撃証言
3 妖術の目撃証言があれば完璧だ。証人の評判がよく、容疑者の評判が芳しくない場合は特に効力が高い。

主の祈り
4 清教徒ならば主の祈りを唱えられるはず。テストでまちがえれば有罪は確実で、悪魔と共謀していることになる。恐怖や睡眠禁止も言い訳にはならない。

水
5 容疑者は手の親指とつま先を縛られて、水に放り込まれる。溺れたら無罪だ（その場合、すぐに引きあげられる）。浮かんだら有罪で、処刑台送りになる。

乳首
6 魔女の身体を検査すれば、乳首が見つかるかもしれない。たいてい脇の下、乳房の下、足の間など「隠れた」場所にあり、魔女はこの乳首で使い魔や悪魔に乳を与える。

魔女のケーキ
7 ライムギと呪いをかけられたとする者の尿を混ぜて「ケーキ」をつくり、犬に食べさせる。犬が奇妙な行動に出たら、苦痛の原因は呪詛ということになる。このケーキは魔女を特定するために使われるとの誤った説もある。

5月
ジョージ・バロウズ逮捕。サラ・オズボーン獄死。新任の総督ウィリアム・フィップスが巡回裁判所を設置し、魔女裁判にあたるように指示する。

6月
巡回裁判所で第一回審理が行われ、容疑者ブリジット・ビショップが最初に出頭。彼女は有罪宣告を受け、ガローズ・ヒルで絞首刑に処された。

7月
サラ・グッド、エリザベス・ハウ、スザンナ・マーティン、サラ・ワイルド、そして71歳のレベッカ・ナースが妖術のかどで有罪とされ、ガローズ・ヒルで絞首刑に処された。

8月
少女たちの病状は好転せず、さらにセイラム村の6人が絞首刑を宣告された。5人は絞首刑になったが、エリザベス・プロクターだけは妊娠していたため命拾いした。

9月
処刑は続く。ジャイルズ・コーリーは申し立てを拒否し続け、石責めの拷問で落命した。月のおわりに、ガローズ・ヒルで最後の処刑が執行された。

1693年1月・5月
最高法院が、拘留中の者を審理するために関係者を招集。告発は破棄され、5人を除く被告全員の無罪が確定した。5人は総督の恩赦を得ることになった。

後年に描かれた裁判の様子は、想像をもとにしており、正確ではない。

数字で見る裁判

セイラムではあわせて19人が絞首刑に処された

女性14人 ＆男性5人

54
セイラム魔女裁判で妖術を自供した人の数。

132
1692年以前のニューイングランドで妖術のかどで有罪とされ、処刑された人の数。

被告全体に占める女性の数。

マーサ・コーリーは妖術で絞首された最後のひとり。

セイラムの住民は出口のない呪いにがんじがらめにされたように感じただろうが、それでも根気よく悪魔の災いを根絶しようと試み、さらなる魔女が発見されていった。9月になっても事態は好転せず、18人の魔女が起訴され、9月17日に9人が有罪判決を受けて処刑を宣告された。81歳のジャイルズ・コーリーは申し立てすることを拒否し、有罪も無罪も主張しなかった。4月に少女たちから告訴されたコーリーは、衰弱したまま監獄で審理を待った。多くの者が彼の有罪を証言したが、コーリーは少しも動じず、申し立てを拒否し続けた。法律により、彼には石責めが科された。これは、胸の上に重い石を乗せて押しつぶすという過酷な刑だ。コーリーは一貫して拒否を貫き、申し立てを一切しないまま2日後に死んだ。

9月22日、セイラムの人々はこの悲劇の処刑をひと目見ようと集まった。最後の8人の命を救うには遅すぎたが、10月が近づくにつれ、裁判に異論を唱える声が高まっていった。そのひとりが聖職者インクリース・マザーで、セイラム裁判で証拠としてたびたび言及された幽霊は到底認められないと論じた。フィップス総督は妻メアリーも告訴されたことに動揺したのか、裁判を再検討し、10月に裁判を中止するようロンドンに勧告書を送った。返事がくるまでの間、逮捕は中断となり、多くの人を死に追いやった巡回裁判所は解散した。

1693年1月、先の裁判で有罪判決を下していたウィリアム・ストートンを中心に新法廷が招集された。なるべく多くの囚人に赦しを与えて解放すること。これが新法廷の任務だった。その後の数か月で、ほとんどの者は無罪が確定した。だが不運な3人は有罪となり、ガローズ・ヒルの処刑台に送られることになった。彼らの運を左右したのはフィップス総督だ。彼は裁判への嫌悪感をあらわにし、立腹するストートンを尻目に、あわせて8人に恩赦を与え、拘置されていた者全員を解放した。こうして決着がつき、セイラムの妖術をめぐる狂気は失速した。

石責めを受けたジャイルズ・コーリーはパンふた口と水しか与えられなかった。2日後に落命した

解放された最後の一団には、当初から糾弾されていた奴隷のティテュバの姿もあった。1年以上拘置されていたため、再び日の目を見た時には悲惨な状態だったに違いない。彼女がその後どうなったかは定かでなく、主人だったパリス牧師は拘置費用を払わなかったため、別の者が彼女を買い取って費用を清算した。

疲弊しきったセイラムはじれったいまでにゆっくりと、何が起こったのかを理解しようとし、生活の再建に取りかかった。良心の呵責に悩む元関係者もいれば、正義が行われたのだと主張し続ける者もいた。1697年1月の断食の日、サミュエル・シューワル判事の謝罪が読みあげられ、陪審を務めた10人以上の者も赦しを乞うた。そのあと数十年の間、処刑された者たちの赦免を求める陳情書が提出されるが、ようやく全員が無実と宣言されたのは事件から300年以上経った2001年のことだ。彼らは安らかに眠っているのだろうか。執拗につきまとう亡霊からセイラムが解放される日はくるのだろうか。

1845年に刊行された『絵で見るアメリカ合衆国の歴史 (Pictorial History of the United States)』から。セイラムでは絞首刑が日常の一部だった様子を描いている。

Salem witchcraft.

Reason and Righteousness: Witchcraft's Legal History

理性と正義、妖術をめぐる法の歴史

教会と王室の妖術に対する見方は発展を遂げ、
数世紀かけて罪と罰に関する考え方に変化が生じた。

1727年、妖術のかどで有罪判決を受けたジャネット・ホーンは裸にされ、タールを塗られてドーノックの通りを引きまわされ、火刑に処された。ブリテン諸島でこうした陰惨な刑が「有罪」の者に下された最後のケースだ。

ジャネットは自分の娘に馬乗りになって悪魔との密会に行ったとして、隣人から告発された。娘は生まれつき手足に障害があったが、乗りやすいように悪魔が蹄鉄を打ったのだと言われた。こうした証拠にもとづき、代官が母子を死刑に処したが、娘は逃亡に成功した。

ジャネットを有罪とする法的根拠が、2世紀にわたり効力を発した妖術の罪に関する議会の法的見解と教皇勅書に従っていたことは明らかだ。だが最終的に法的見解は変化し、妖術やその悪意はより穏健に理解されることになる。何年もの間、妖術は異端とされてきた。魔女は悪魔と共謀しているからだ。聖なるものの対極にあるのが黒魔術だった。

神秘主義、自然現象を説明し解釈しようとする試み、妖術師、シャーマン、預言者、占い師、魔女の概念は人類の歴史と同じくらい古い。聖書には魔女に関する記述が多く見られる上、古代エジプトの『死者の書（Book Of The Dead）』にも呪文が記され、古代ギリシャ・ローマ文明も魔女の存在を確認した。中世になると、キリスト教会と妖術使いが対立し、1400年代末には対立がヨーロッパ各地に鬼火のごとく広がった。

200年にわたる熱心な魔女迫害のきっかけとなったのが、1484年12月5日に教皇インノケンティウス8世が発表した勅書「限りなき願いをもって」だ。これはドミニコ会士で異端審問官だった　ハインリヒ・クラーマーと、彼の協力者でやはりドミニコ会所属のヤーコプ・シュプレンガーの要請を受けて出されたもので、教皇はドミニコ会士によるドイツでの厳しい魔女追及を容認し、魔女は堕胎し、凶作をもたらし、悪魔と浮かれ騒ぎ、崇拝していると断言した。その後40年の間、

486年、ふたりのドミニコ会士は共著で『魔女に与える鉄槌』を発表した。この本は仮借なき魔女の追及と根絶の手引きとなり、神の権威の前で無力だったはずの魔女を、撲滅すべき脅威として再定義した。その後40年の間、

1589年にチェルムスフォードで魔女として有罪判決を受け、絞首刑に処された3人の女性を描いた絵。

本が13版を重ねる一方、魔女をめぐるヒステリーはヨーロッパ各地にはびこり、イングランド、スコットランド、アイルランドでは実際に行動が起こされた。

ヘンリー8世の時代、1542年の妖術禁止令により妖術は重罪とされ、処刑をもって罰せられるようになる。エリザベス1世の時代にあたる1563年にも再び妖術禁止令が発布され、呪殺は重罪であり、死刑に値すると定められた。同年、スコットランドでも妖術禁止令が発表され、魔術の実践も魔女に助言を求めることも死罪に処せられると明記された。

スコットランド王ジェームズ6世がイングランドの王位にも就きジェームズ1世として即位すると、1604年に妖術禁止令を発布し、妖術を実践したり「使い魔」と協力したりする者は極刑に処せられると定めた。1649年、信仰を強要する様々な法令が出されるなか、スコットランド教会総会は1563年の禁止令を拡大して、「悪魔や使い魔」に頼る者は死刑に処せられると定めた。こうした禁止令は「聖職者特典」（妖術で有罪宣告を受けても、聖書の一節を読めれば火刑や絞首刑を免れるという奇妙な措置）の効力に制限をかけながら、数回かけて強化されていった。

18世紀初頭、啓蒙思想により科学、医学、技術、哲学、そして批判精神が発達すると、英国での妖術とその実践者への見方は大きな影響を受けた。1735年の妖術禁止令は妖術の実践や悪魔との共謀は事実上、立証不可能

1616年の裁判では13歳の子が15人の女性を悪魔憑きで告発し少なくとも9人が絞首刑に処された

霊媒を詐称したヘレン・ダンカンは、1735年の妖術禁止令により投獄された最後の人物。

最後の服役者

ヘレン・ダンカンは幼い頃からサイキックな才能を示し、後年には降霊術の会を開いて、口からエクトプラズムという物質を出して死者と交流するようになった。しかしこのエクトプラズムは、チーズ製造に使う布と卵白を混ぜたつくりものであることが、分析によって判明した。1933年の会の最中に霊の出現がまがいものであることが暴かれ、ダンカンは逮捕され、霊媒詐欺行為で10ポンドの罰金を科された。

当局は以前から彼女をマークしていたが、本腰を入れるようになったきっかけは、第二次世界大戦中の1941年11月にポーツマスで開かれた降霊術の会だ。会で彼女は戦艦バーラムが沈没したと告げ、水死した乗組員のひとりの霊が現れた。戦時中ということもあり、バーラム沈没は機密事項として処理され、犠牲者の家族だけが報せを受けていた。海軍関係者がその後の会に参加し、ダンカンが詐欺師であることの確かな証拠を集めた。彼女は1944年に逮捕され、1735年の妖術禁止令第4条を根拠に告発された。判決は有罪で、9か月の服役を経て1945年に釈放された。彼女は18世紀の法律で投獄された最後の人物だ。

とする一般の見方を取り入れ、修正する姿勢を見せると同時に、魔術を提供する者、依頼者に代わって死者と交信したり、未来を予言したり、怪しげな目的を達成したりできると約束する者は浮浪罪に問われ、詐欺師として起訴されると明記された。

英国ではこれ以前の妖術禁止令は廃止され、その後216年の間、領内では1735年の禁止令が標準となった。1951年の霊媒詐欺行為禁止令により、降霊術者、超能力者、霊媒、魔女は金銭と引き換えに能力を提供することが禁じられたが、この禁止令も2008年5月に制定された不公正取引からの消費者保護規則により廃止された。

The End of
Witchcraft

妖術の終焉

炎が燃えつきるように、ヨーロッパの魔女迫害も燃えつきた。
迫害をおわらせたきっかけとは何だったのだろうか。

17世紀、ヨーロッパにおける魔女の迫害と追及はゆっくりと着実に失速していった。起訴件数は下降を続け、わずかな数となり、ついに消滅した。ヨーロッパ各国はペースこそ違えども、同様の経過をたどり、17世紀後半になる頃には魔女裁判はすっかり衰退していた。しかし例外もあり、イングランドでは内戦中にマシュー・ホプキンスが主導して短い間ながら魔女裁判が再開し、1682年にはビデフォードの魔女が処刑され、17世紀最後の10年ではセイラムで魔女裁判が開かれた。こうした出来事はめったにないという意味で注目に値するが、

ポーランドでは、法により
罰則対象外になるまで
数多くの妖術告発が続いた

6万人を死に追いやったとされる魔女迫害時代は、様々な状況が重なっておわりを迎えた。熱に浮かされたような魔女迫害にもかかわらず——いや、だからと言うべきか——、ヨーロッパでは魔女裁判時代の初期から、魔女や妖術の実在に疑念が向けられた。すでに16世紀には少数ながら弁が立つ人々が、血とパニックをあおる動きを阻止しようとペンを執った。こうした教養豊かな著述家たちは落胆、憤慨、不安を表明し、魔女迫害に異論を唱え、社会に種を植えた。その種が芽吹き、ついには妖術告訴が断絶することになる。

事件についての書籍は、18世紀に入っても魔女の実在を根強く信じる人々の実態を描いている。

THE
CASE
OF THE
Hertfordshire
WITCHCRAFT
CONSIDER'D.

Being an

Examination of a BOOK,
ENTITL'D,

A Full and Impartial Account of the
Discovery of Sorcery & Witchcraft,
Practis'd by JANE WENHAM
of Walkern, upon the Bodies of
Anne Thorne, Anne Street, &c.

LONDON:

Printed for JOHN PEMBERTON, at the
Back and Sun against St. Dunstan's Church
in Fleetstreet. MDCCXII.

最後の魔女

ジェーン・ウェナムは妖術のかどで有罪判決を受けたイングランドの最後の人物とされる。ハートフォードシャー、ウォーカーン村に住む年配のジェーンは魔女として糾弾され、有罪が確定した。当初、チャップマン家の召使を魔法にかけたと告発されたが、その後17歳のアン・ソーンからも告発され、村も近隣一帯も騒然とした。ウェナムに向けられた容疑は、発作を起こさせた、女の子にピンを吐かせた、猫に変身してアンに嫌がらせをしたなど、かつての魔女狩り時代と変わりなかった。騒ぎが広がるにつれ、ウェナムはあざけられ、攻撃され、村は狂乱状態に陥った。

ウェナムをめぐって世論はふたつに割れ、しつこく残る超自然的力への確信と、これを根絶しようとする啓蒙思想が唱える懐疑主義が対立した。ウェナムが有罪か否か、さらには妖術の問題について数多くのパンフレットが発表されて激論となり、数年後の1736年の妖術禁止令成立へとつながることになる。

ウェナムにとっては幸運なことに、公判を担当したジョン・パウェル卿は慎重派だった。空を飛ぶことは違法ではないとの彼の主張には、魔女告発にも関連する新たな司法上の合理性が明確に表れている。彼は無罪判決を勧告したが、陪審員は有罪とした。そのあと彼女は上告し、王室の特赦を得て釈放され、理性が勝利を収めた。

イングランド最大の魔女裁判のひとつ、セント・オシスでの処刑執行の直後、レジナルド・スコットの『魔術の暴露』が発表された。1584年のことだ。妖術を立証する証拠の問題点や、魔女裁判を引き起こした不合理な思考を明らかにしたこの書は大きな影響を及ぼした。スコットは単純に、魔女が魔力を手にすることなど神がゆるすはずがないと考えた。告訴された者は無実で、悪意ある告発の被害者で、あざむかれたのであり、恐れではなく同情に値する。本当に危害を及ぼそうと思ったら、毒などのありふれた手段を使うだろう。呪術が存在しないからには、ありもしない罪で告訴はできない。ヨーハン・ヴァイヤーも同様に、ヨーロッパでの起訴手続きと、自白を引き出すための拷問の有効性に疑問を唱え、そのような状況で発した容疑者の言葉は信頼に値するのかと問うた。一連の疑問を発したのは、魔女狩り熱を懸念する人々だ。

こうした見方は人々を動揺させ、霊の存在を一律に否定する無神論という厄介な思考へとつながっていく。議論は論争を呼び、論客をてこずらせたが、数十年もするとある問題が浮上した。超自然的な方法で危害を加えられたなどとどのように証明できるのか、できたとしても、その魔女が真犯人だとどのように断言できるのかということだ。

注目すべきは、そもそもヨーロッパ各地で魔女裁判の衰退を招いたのが、魔女や妖術の実在を否定する態度の普及ではなく、立証に関する問題だったことだ。証拠が求められているのに提出できない。証拠に関する新たな規則が必要なことが早晩明らかになり、ヨーロッパの司法制度が発展し、進化するに従い、妖術関連の証拠の貧弱さは隠しようもなくなった。判断力に欠ける村人にとっては意味のある証拠でも、ヨーロッパの知識

イングランドの1736年の妖術禁止令成立に反対したのはわずか1票だった

17世紀が進むにつれ拷問に対する異論はますます高まり、議論を重ねた結果、廃止された。

層にとっては不十分だ。

これこそが哲学的、科学的思考へのシフトの本質であり、そうした思考は啓蒙思想で頂点を迎えることになる。17世紀末になる頃には変化は明らかで、妖術禁止令ではなく自然法に信が置かれ、呪詛の効力は信じられなくなった。社会はより世俗的な信念体系に転向し、すでに消滅しかかっていた時代に幕を引いた。

あらゆる領域で実証可能な証拠の必要性が高まったが、妖術の告発にはこれが欠けていた。イングランドの医師ウィリアム・ハーヴェイは、「魔女の使い魔」を解剖してヒキガエルと変わらないことを証明したと言われる。それが本当かどうかはともかく、この話はヨーロッパ各地で経験的思考へのシフトが進んでいたことを雄弁に物語っている。魔術や妖術が綿密な調査の対象となり、疑念が声高に唱えられるようになると、信念体系そのものや糾弾にひびが入り、ついには瓦解することになる。イングランドでは、それ以前の1604年の妖術禁止令などの措置がきっかけとなり、悪魔との共謀や魔女の印といった大陸の概念もイングランドの妖術禁止令に組み込まれ、提示が

困難な証拠を求められた。

この新たな知的風潮のなか、拷問に反対するヴァイヤーなどパイオニアの意見も確実に根づいていった。公式であれ非公式であれ、当時のやり方への異議は勢いを増し、様々な議論で多数の文献が参照されるようになり、ヨーロッパの知的思考の枠内で討論されるようになった。宗教で分裂した両陣営の論客が議論に参加できるようになり、イエズス会士もプロテスタント教徒も、いかがわしい物理的方法で得た証拠の利用を非難した。その結果、論文などの文書が普及し続けると同時に魔女裁判における拷問は減り、予想通りドミノ効果が起きて、時と共に告訴や処刑数が減少した。宗教上の思考全体のシフトは、魔女迫害への不快感を助長する一要素でもあった。魔女を追及せよとの教会の命令はもはや常識的に通用せず、存在することが許されなかった「魔女」とは、つまりは占い師や毒を操る者を指していると考えられるようになった。根拠があやふやな魔女狩り人の主張をもとに迫害が行わ

れてきたが、証拠優先の観点からは問題がある上に、魔女狩りの概念そのものも危ぶまれ、魔女裁判は重大な局面を迎えた。悪魔とその力を信じることは批判の対象となり、闇の帝王など実際には無力であることが明らかにされて、神の敵とその「手下」たちは存在感を失いはじめた。かつて悪魔は強力な存在で、自分と手を結ぶ者に力を与えていたが、今となっては化けの皮がはがれて、不信心な詐欺師、ペテン師であることが判明した。それも、そんな者が本当にいるならばの話だ。悪魔や悪魔に操られた者の言葉には耳が傾けられなくなり、法が整備され、ついには妖術告発が封印されることになる。

社会および経済、さらに政治上の論争が妖術衰退に果たした役割も無視することはできない。最も過酷な魔女狩りが展開された地域は、しばしば中央集権が崩壊したか、機能しなかった場所でもある。環境が改善され、司法制度や政治面での改革が進むにつれて不安定な状況は解消され、結果的に妖術の告発件数も減った。魔女狩りの原因ともなった貧困、インフレ、厳格な道徳、凶作、戦争、飢饉などの一連の状況も時代と共に改善されていった。こうした変化や生活環境全体の向上、安定性は告発の減少につながった。理性、

アンナ・ゲルディは拷問を受けて、悪魔と手を結んだと告白した。そのあと自白を撤回したが、処刑された

「宗教上の思考全体のシフトは、魔女迫害への 不快感を助長する一要素でもあった」

ヨーロッパで魔女として処刑された最後の人物、アンナ・ゲルディ。

ビデフォードの魔女の特赦を求める訴えもむなしく、名誉はいまだ回復されていない。

魔女の使い魔の存在を証明したり、その他の「証拠」を示したりすることは困難で、妖術告発は終息へと向かっていった。

最後の魔女

人類学者であり民俗学者のマーガレット・アリス・マリーは、現代の魔法使いと迫害を受けた昔の魔法使いを比較し、20世紀の魔女の起源に関して卓越した理論を提唱した。彼女は1921年に発表した『西ヨーロッパにおける魔女崇拝（The Witch Cult in Western Europe）』で、魔女裁判時代に迫害を受けた男女は豊穣を願う古代宗派の一員

であり、彼らが行った魔術や儀式は長い間崇拝されてきた伝統だと論じた。迫害の時代が去ると、残された魔女グループは地下に潜行し、これ以上のトラブルを避けるため身を潜めた。だがグループは完全消滅することなく、メンバーらはひっそりと儀式を続け、現代になるとウィッカとして生まれ変わり、再び登場したというわけだ。

マリーと彼女の理論の熱心な支持者にとっては残念なことに、この主張を裏づける証拠はほとんどない。過去の魔女裁判における13の集会を特定すべく調査を試みたが挫折し、有角神崇拝や儀式魔術などの柱となる論も証明できなかった。

妖術の歴史に関するマリーの研究は、学問的信頼性に欠けるとされた。

科学、政治的かつ社会的、経済的要素により、ヨーロッパ史上最も陰惨で悲惨な時代のひとつは幕を引いた。

17世紀がおわりに近づく頃、ヨーロッパ各地で魔女の件に関する公式見解が出された。1682年にはフランスで王令が発布され、妖術は少なくとも表面上は刑罰の対象から外された。1714年にはプロイセンもこれにならい、その20年後の1736年には英国でも魔女告発は禁じられた。

18世紀に入ると数年で、魔女を刑罰の対象外にする国は着実に増えた。ハプスブルク家の支配するオーストリアでは1768年に、ロシアでは1770年に、ポーランドでは1776年に同様の法律が制定された。スウェーデンは妖術が犯罪とされ続けた中央ヨーロッパ最後の国のひとつで、魔女告発を禁じる令が発布されたのは1779年のことだった。

こうして魔女告発は終息したかに見えたが、現実はそう単純ではなかった。当初、妖術を完全に刑罰の対象外とし、魔女告発を徹底的に一掃したのはポーランドとスウェーデンだけで、他国に目を向けてみると、法令に留保が付され、魔女が告発されることも処刑されることも、まだ理論上は可能だった。妖術の取り締まりをいち早く禁じたフランスで実際に妖術が完全に罪に問われなくなったのは、その1世紀後の1791年だった。ドイツでは1805年になってもヴュルテンベルクで魔女裁判が開かれ、スペインでは1820年まで時々妖術が告発された。イングランドで妖術が法令集から完全に姿を消したのは、20世紀も半ばになってからのことだった。

妖術解禁は社会上層ではほぼ問題なく受け入れられたが、民衆の思考や態度はそう簡単に変わらなかった。ヨーロッパ各地で法は成立したものの、行き渡るには支配層が期待したよりもずっと時間がかかった。多くの地域では魔女や悪魔の力の実在は強く信じられ続け、隣人への呪詛の疑いをかけられる者も少なくなく、時には猜疑心にかられた人々が自分たちで決着をつけようと「魔女」を襲撃し、悲惨な結末に至ることもあった。

古い考えや恐怖は根強く残り、19世紀全般さらには20世紀に入っても、時代遅れな典型的魔女タイプにあてはまる人物は「魔女」呼ばわりされ、いわゆる「被害者」に起きた不幸や病気の元凶と非難された。イングランド南西

VINCE TE IPSVM.

IOANNES WIERVS
ANNO ÆTATIS LX SALUTIS M.D.LXXVI.

ヨーハン・ヴァイヤーは魔女裁判に異論を投げかけた最初のひとりで、1563年に『悪霊の幻惑と呪法と毒について (The Demons And On Spells and Poisons)』を発表した。

太陽王ルイ14世のもと、フランスではじめての反妖術法が制定された。

部はそうした地域のひとつで、魔女事件は珍しくなかった。1736年の妖術禁止令で、魔力そのものを使うことではなく魔力を持っていると称したり魔力を信じたりすることが犯罪と見なされるようになったが、当時の新聞は驚くほど頻繁に魔女への襲撃や告発を報道している。実際、18世紀全般から19世紀前半にかけて、妖術禁止令によって妖術はイングランドから消滅するかと思われたが、魔女と目される者がたびたび負傷させられたり襲撃されたりし、呪詛を解くために魔術で対抗する事例も多数起きた。だが「魔女」が法令を盾に助けを求めて迫害者を告発すると、攻撃側やその近親者たちはすっかりうろたえ、司法がもはや自分たちの側についていないことに仰天した。その1例がデヴォンのスザンナ・セリックだ。この年配女性は10年の間に2度、

自分を襲撃した者たちを告訴した。法廷は2度とも彼女の訴えを認め、襲撃者たちを罰している。

1782年にヨーロッパの司法制度により魔女として処刑された最後の人物がスイスのグラールスに住むアンナ・ゲルディだ。テューディ家で召使をしていた彼女は、超自然的な力を使って同家の娘たちの食事に針を入れたとして告発された。処刑された多くの犠牲者とは異なり、彼女には公正な判断が下され、かつてスイス政府が宣告した有罪判決が2007年に覆された。魔女裁判時代、無数の悲惨な誤審が下されたにもかかわらず、こうした名誉回復の動きはごく稀だ。

霊媒師ヘレン・ダンカンはイングランドで妖術禁止令により投獄された最後の人物だ。彼女

2003年にはビデフォードの魔女の特赦を求める訴えが出されたが、実現には至っていない

は戦艦バーラムの沈没が公表される前に言いあてたとされ、当局から目をつけられた。彼女の能力の真贋(しんがん)のほどが議論の対象となり、幾度も中傷されたが、死者の霊と交信できると主張したかどで1736年の妖術禁止令により有罪判決を受け、9か月服役した。

世界にはまだ、妖術の容疑で命を奪われる地域がある。理性の時代と呼ばれる現代に生きる私たちも、こうした状況を省察し、見すごしてはならない。

だが物事には明るい面もある。長い間、醜い孤独なよそ者とあざけられ、恐れられてきた魔女は、私たちのもとに戻ってきた。ポジティブな存在として生まれ変わった現代の魔女ウィッカとその魔法は、20世紀に着実に人気を伸ばし、前向きで力強く、高い志を持ったコミュニティを形成している。暗黒の過去を忘れてはならないが、21世紀に魔女は新たな時代を迎えようとしている。

闇の魔女史
世界の魔女と魔女裁判の全貌

2023年5月25日	初版第1刷発行

編　者	Future Publishing (© Future Publishing)
発行者	西川正伸
発行所	株式会社 グラフィック社
	〒102-0073 東京都千代田区九段北 1-14-17
	Phone: 03-3263-4318　Fax: 03-3263-5297
	http://www.graphicsha.co.jp
	振替：00130-6-114345

印刷・製本	図書印刷株式会社

制作スタッフ

翻　訳	ダコスタ吉村花子
カバーデザイン	藤田康平（Barber）
組　版	石岡真一
編　集	鶴留聖代
制作・進行	本木貴子（グラフィック社）

ISBN 978-4-7661-3771-2 C0076
Printed in Japan